« PROTOCOLS »
DES SAGES DE SION

Traduit directement du russe
et précédés d'une introduction
par   ROGER   LAMBELIN

Édition définitive

PARIS

The Savoisien & Baglis

« PROTOCOLS »
DES SAGES DE SION

Traduit directement du russe
et précédés d'une introduction
par ROGER LAMBELIN

Avec une reproduction de la
couverture de l'édition russe
DE 1912

2ᵉᵐᵉ Édition

2019

Février 1925.

Depuis tantôt quatre ans que fut publiée la première édition de cette traduction de la version russe de 1912, les Protocoles *ont fait couler des flots d'encre.*

De nouvelles traductions parurent notamment dans un des pays où le péril juif semble le plus avéré — en Roumanie (1) *— et les discussions se poursuivirent dans la presse pour tâcher de percer les voiles mystérieux qui enveloppent ce document si ardemment étudié et commenté.*

Du côté chrétien parurent, en 1922, une étude fort intéressante de Mgr Jouin, sur les Protocoles *de G. Butmi, d'après l'édition de 1901* (2), *et un ouvrage historique de Mrs Nesta Webster* (3) *où l'Illuminisme de Weishaupt est présenté, avec citations à l'appui, comme l'une des sources des doctrines et des méthodes exposées dans les* Protocoles.

Du côté juif et philo-sémite, tout fut mis en œuvre, en France, en Angleterre, aux États-Unis, en Allemagne, pour tâcher d'enlever au fameux document la valeur, l'autorité, qu'il tenait de son texte même.

MM. Salomon Reinach, Lucien Wolf, Zangwill et une pléiade d'écrivains qui n'étaient pas tous juifs, s'appliquèrent à démontrer qu'il ne fallait pas attribuer à Israël l'éclosion du bolchevisme russe, et les hypothèses les plus variées furent émises sur l'origine d'un pamphlet dont l'auteur ne pouvait être qu'un agent de la police tsariste, désireux de provoquer des pogroms.

Cependant, en raison de leur nombre, et de l'absence de preuves susceptibles de les étayer, les hypothèses ne semblaient guère vraisemblables. Le comité de presse institué par les organisations juives de Londres pour combattre ce qu'on appelait « un nouvel antisémitisme » était à bout de souffle quand, soudain, le Times *annonça une mirifique découverte. C'en était fini du mystère cachant l'origine des « Protocoles ». Le pamphlet était bien un faux, une* forgery *; Israël pouvait se réjouir, remercier Jéhovah : ses ennemis étaient confondus, pulvérisés...*

---

1. — *Protocoalete Interleptilor Sionului.* Orastie, 1923.
2. — Paris, Émile Paul.
3. — *World Révolution.* London. Constable.

En trois articles, parus dans ses numéros des 16, 17 et 18 août 1921 le Times *racontait sa découverte. Son correspondant de Constantinople avait reçu d'un Russe réfugié en Turquie, après promesse faite de ne jamais révéler son nom, un livre de petit format ayant pour titre* Dialogue aux Enfers entre Machiavel et Montesquieu *et pour auteur Maurice Joly.*

Ce Préambule rocambolesque offrait-il quelque intérêt ? C'est douteux, mais cela donnait un petit parfum romantique au récit, d'autant que le Russe, prudent et désireux de garder l'incognito, était qualifié d'ancien membre de « l'Ochrana » (police secrète russe).

Le livre figurait au catalogue du British Muséum *et de la* Bibliothèque nationale. *Il avait paru à Bruxelles à la fin de l'Empire et avait valu à son auteur une condamnation pour « excitation à la haine et au mépris du gouvernement impérial. ». Il était donc superflu d'aller à Constantinople pour le découvrir.*

Dans le pamphlet politique, dirigé contre Napoléon III, il n'est aucunement question des Juifs. Mais Maurice Joly formule, par l'organe de Machiavel, toute une théorie sur le gouvernement des peuples comprenant : légitimation des coups d'État, établissement d'un pouvoir tyrannique, fondé sur la corruption, la domestication de la presse, de la magistrature, de l'Université, soutenu par la police et la force armée. Par une transposition facile, ce pouvoir tyrannique, défini par Machiavel, peut s'appliquer à l'impérialisme d'Israël aussi bien qu'à l'absolutisme napoléonien.

De fait que certains passages des Protocoles sont soi-disant inspirés de paragraphes du Dialogue aux Enfers, *toute la presse juive et même certains journaux qu'on croyait indépendants, en ont déduit que le petit livre révélé par Nilus et Butmi était une Supercherie, un « faux » au même titre que les* Monita Secreta *attribués naguère aux Jésuites. Cependant Maurice Joly était un républicain fanatique, peu suspect de s'être prêté à une manœuvre contre la démocratie et les Juifs. Qui donc avait pu se servir de son pamphlet pour le transformer en arme de guerre, en char d'assaut manié par les antisémites ? Le* Times *et quelques autres feuilles donnèrent libre cours à leur imagination et firent intervenir dans l'affaire l'hypnotiseur Philippe, le grand duc serge Alexandrovitch, une princesse Radziwill, et finirent par attribuer la paternité des* Protocoles *à un trio de policiers russes*(4)...

---

4. — Voir dans la *Revue hebdomadaire* du 17 décembre 1921 l'article : Maurice Joly et les *Protocoles.*

Mais cette attribution n'était encore qu'une hypothèse et aucune application plausible, aucun témoignage valable n'en établissait la véracité. En nous maintenant strictement sur le terrain de la critique historique, il faut reconnaître que l'origine des Protocoles *demeure mystérieuse et que son auteur ou ses auteurs restent inconnus. Toutefois quelles que soient les sources du document, son texte vaut d'être retenu et divulgué. Si le texte des* Protocoles *porte en soi un enseignement, offre un intérêt puissant et actuel, c'est parce qu'il procède d'inspirations juive et maçonnique et montre de quelle manière les sociétés secrètes, la corruption, le terrorisme peuvent être utilisés par Israël pour réaliser sa domination mondiale. Cette mystérieuse brochure, selon le mot du* Morning Post (5) *est un «vade mecum des méthodes par lesquelles de grands empires ont été et peuvent être détruits. »*

R. L.

---

5. — Numéro du 27 octobre 1921

INTRODUCTION

Sur divers points du lointain horizon, l'on perçoit la formation de vagues d'antisémitisme. Elles n'ont encore qu'un très faible relief; mais sous le souffle des poussées juives qui se manifestent de tous côtés, elles vont se creuser, accélérer leur allure et peut-être seront-elles formidables quand elles déferleront, avec une écume blanche fusant vers le ciel, sur les rivages où Israël a cru construire d'imprenables citadelles.

L'antisémitisme est-il provoqué par des causes superficielles et temporaires ou par des raisons durables et profondes ? Les Juifs doivent-ils être considérés comme responsables, pour une large part, du malaise mondial consécutif à la guerre ? Ce sont des faits rigoureusement constatés, des rapprochements loyalement opérés, des considérations logiquement déduites, qui peuvent seuls permettre de répondre à ces questions.

I

Le gouvernement britannique, M. David Lloyd George étant premier ministre, est complètement inféodé à la politique d'Israël. Il serait difficile de contester cette affirmation. Six Israélites sont Privy councillors *; deux siègent au ministère : sir Alfred Mond et l'honorable Edwin Montagu et ce ne sont peut-être pas les plus enjuivés du Cabinet.*

Quand les chefs du mouvement sioniste, prévoyant la victoire finale de l'Entente, voulurent poser de solides jalons pour l'édification du futur royaume palestinien, c'est le ministre des affaires étrangères, M. Arthur James Balfour, qui, au nom du gouvernement de Sa majesté britannique, écrivit à lord Rothschild et prit l'engagement de favoriser de tout son pouvoir la création du « Foyer national juif ».

C'est un Israélite, devenu Lord Chief Justice Of England, *Rufus Isaacs lord Reading, qui fut envoyé à Washington comme haut commissaire et ambassadeur extraordinaire pour y régler avec les Israélites du président Wilson : l'ambassadeur Morgenthau, le banquier Jacob Schiff, le juge Brandeis, le professeur Francfurter, les délicates questions politiques et financières que soulevèrent les derniers mois de la guerre et les préliminaires de la paix.*

Quand l'Angleterre obtint de la Société des Nations un mandat provisoire sur la Palestine, où, sur 700 000 habitants, il n'y avait guère que 65 000 Juifs, c'est encore un israélite, sir Herbert Samuel, qui reçut des pouvoirs quasi-souverains pour administrer la Terre Sainte et y établir un régime juif.

Un poste de gouverneur est-il vacant au Queensland, c'est encore un Israélite, sir Matthew Nathan, qui est désigné pour l'occuper ! La Société des Nations confie à l'Angleterre le secrétariat général de son organisation permanente. Sir Eric Drummond, dès son arrivée à Genève, fait visite au grand rabbin de la ville, lui présente son personnel, l'assure de son admiration pour les Juifs et de son complet dévouement à leur cause et à leur idéal. Parmi ses collaborateurs principaux, il convient de citer l'ancien capitaine interprète Mantoux, chef de la section politique, doublé du major Abraham et de Mme N. Spiller.

Lorsque les délégués des associations juives introduisirent à la Société des Nations une demande tendant à subordonner l'admission des nouveaux Etats dans la Ligue à l'acceptation préalable de la clause des minorités — qu'on pourrait définir le droit des juifs à former un État dans les Etats — c'est lord Robert Cecil, cousin de M. Arthur Balfour, qui se constitua leur avocat.

Le prince de Galles ayant fait un voyage autour du monde pour aller visiter les Dominions et les colonies de l'empire britannique, les Juifs organisèrent, dès le retour du prince, sous le titre de War Memorial Empire Tour, *Un voyage comportant un itinéraire presque identique. Au nom des organisations juives et sionistes, le grand rabbin Hertz, accompagné de M. A. M. Woolf, va, lui aussi, visiter les colonies et Dominions, pour donner des mots d'ordre aux communautés éparses, réchauffer leur zèle religieux et recueillir des Fonds destinés à édifier à Londres, en souvenir de la guerre, un grand séminaire israélite. Et le caractère officiel que le gouvernement donne à cette mission est attesté par le banquet qui fut offert aux voyageurs à la veille de leur départ. Les ministres, les délégués des Dominions et colonies y étaient représentés. Lord Rothschild, qui occupait le fauteuil présidentiel, porta le toast : « Au gouvernement de Sa Majesté » et déclara que parmi les ministères qui avaient tenu les rênes du pouvoir en Grande-Bretagne, aucun, au même degré que le ministère actuel, n'avait « témoigné autant de vraie sympathie aux projets et à l'idéal des Juifs ». En répondant au nom du Gouvernement, lord Milner remercia le président d'avoir formulé un pareil éloge et n'hésita pas à exprimer l'idée que l'empire britannique avait été amplement récompensé de sa politique pro-juive ! A Capetown, à Durban, à Johannesburg, dans les cités australiennes, partout les envoyés d'Israël furent reçus avec des honneurs princiers. Les autorités civiles et militaires venaient à leur rencontre, leur souhaitaient la bienvenue et se mettaient à leur service.*

Quelques mois auparavant, le gouvernement de M. Lloyd George, avisé par des informateurs peu véridiques que des «pogroms» s'étaient produits en Pologne, avait, de sa propre initiative, envoyé à Varsovie une commission d'enquête, présidée par un juif, sir Stuart Samuel. N'était-ce pas faire connaître urbi et orbi *que l'Angleterre prétendait se faire en tous pays le champion d'Israël ?*

Au reste, quand lord Chelmsford, fut arrivé au terme de son mandat le vice-roi de l'Inde c'est Rufus Izaacs Lord Reading, l'ancien Lord Chief Justice *et haut commissaire à Washington, qui fut appelé à recueillir sa succession, charge d'autant plus délicate et redoutable que l'Inde, en mal de réformes politiques et administratives, est en pleine effervescence. Aux États-Unis, sous le règne du président Wilson, la conquête juive fut aussi manifeste qu'en Angleterre. Il ne faut pas oublier que c'est sur l'injonction de Jacob Schiff et de plusieurs banquiers judéo-allemands, en plein accord avec M. Lloyd George, que M. Woodrow Wilson fit introduire dans le traité de paix les clauses troubles relatives aux réparations, au plébiscite de la Haute-Silésie, aux régimes concernant la Sarre, Fiume, Dantzig.*

Et après avoir été désavoué par ses concitoyens, qui refusèrent d'adopter, son idéalisme humanitaire et de le suivre dans la voie dangereuse où il avait engagé l'Europe, le président des États-Unis trouva moyen d'affirmer encore ses sympathies juives. Il désigna deux Israélites pour le représenter dans deux arbitrages que la Société des Nations voulut lui confier, et, répondant à une plainte de son ami le rabbin Wise sur le sort des Israélites de l'Europe orientale, Il formula dans une lettre publique son admiration pour les Hébreux :

> *«Nous savons aux États-Unis, où les Juifs jouissent de la plus complète égalité, avec quelle loyauté ils servent et avec quelle fidélité ils défendent les intérêts et l'idéal de notre propre nation».*

Si les Juifs furent autrefois persécutés en Russie, la Révolution, préparée par eux depuis longtemps, intervertit singulièrement les rôles. L'effondrement du tsarisme, le traité de Brest-Litovsk mettant fin aux hostilités avec l'Allemagne et le régime des soviets furent l'œuvre des Juifs. Le rhéteur Kerensky, qui servit de passerelle entre la Douma démocratique et le communisme sanglant est israélite. Lénine est, dit-on, le mari d'une juive ; Trotsky, Radek, Zinoview et les trois quarts des commissaires du peuple sont juifs. Quand l'armée rouge envahit la Pologne, elle traita en alliés les Israélites des villes occupées qui, d'ailleurs, presque partout, s'incorporèrent à ses troupes lorsqu'elle fut contrainte à battre en retraite. Au moment de l'armistice et des premiers pourparlers internationaux, les Juifs rendirent un service capital à l'Allemagne en camouflant ses états en pays démocratiques ou socialistes. Après, la fuite de l'empereur Guillaume en Hollande, le nouveau gouvernement du Reich tomba aux mains d'Israël. Le ministre des affaires étrangères, Haase ; celui des finances, Schiffer, celui de l'intérieur, Preuss, étaient juifs. En Prusse, le Cabinet ne comptait guère que des Israélites. Kurt Eisner gouverna la Bavière. En Hongrie, Bela Kuhn ou Cohen régna, mais sa tyrannie fut si horrible qu'elle n'eut qu'une existence éphémère.

A part l'Autriche, sacrifiée et ruinée, les Etats démocratisés gagnèrent les bonnes grâces des Juifs et des puritains anglo-saxons, principalement préposés à la confection du traité de paix.

La délégation allemande à Paris ne comprenait guère que des hébreux, parmi lesquels Oscar Oppenheimer et Marx Warburg, ce dernier, frère du gendre du banquier de New-York, Jacob Schiff.

Les quatorze points du président Wilson — dont le dernier lançait l'idée d'une Ligue des Nations — et les cinq points complémentaires ajoutés aux précédents dans un discours prononcé à New-York en septembre 1918 pour en fixer les bases, furent invoqués par le prince Max de Bade, chancelier du Reich, dès que l'Allemagne vaincue, effondrée, sollicita la paix.

Cette paix étrange, plus favorable aux vaincus qu'aux vainqueurs — les anglo-saxons exceptés — cette paix au mécanisme délicat et compliqué, nécessitant un contrôle constant et de longue durée, menacée de brisure dès qu'un atome se glissait dans un de ses rouages, sauva l'unité de l'Allemagne et lui laissa une large part de sa puissance ; mais elle eut aussi le privilège de correspondre aux désirs, aux ambitions, à l'idéal des Israélites. En empêchant le relèvement économique des Etats belligérants, cette paix était propice aux grandes banques qu'ils dirigent, aux trusts internationaux enrichis par la guerre et détenteurs des réserves financières du monde.

Il ne faut pas être surpris si la Société des Nations fut déclarée « essentiellement d'inspiration juive » par Israël Zangwill ; et M. Lucien Wolf, délégué des associations juives, après avoir assisté à Genève à l'assemblée de la Ligue, n'hésita pas à affirmer de son côté que cette « Société » était en harmonie avec les nobles et les plus saintes traditions du Judaïsme et que tous les israélites devaient considérer comme un devoir sacré de la soutenir par tous les moyens possibles.

II

Il semble bien que le péril juif, qui se manifestait par tant de symptômes et par tant de faits, ne fut vraiment révélé au grand public que lorsque parut la traduction d'un fragment d'un livre russe enregistré au British Museum *en août* 1906, *et qui avait pour titre :* Le Grand dans le Petit et l'Antéchrist comme une possibilité politique immédiate. *(Notes d'un Orthodoxe, 2ᵉ édition, corrigée et augmentée. Tsarkoïë-Selo, 1905).*

Cette traduction fut éditée en décembre 1919, chez Evre et Spottiswoode et intitulée : The Jewish Peril : Protocols of the Learned Elders of Sion. *Elle serait restée longtemps ignorée en Angleterre, si un rédacteur du* Times *n'avait eu l'idée de lui consacrer an article, d'en donner un compte rendu assez détaillé qui peut se résumer en une angoissante interrogation : Si ce livre est l'expression de la vérité, n'aurions-nous échappé à une paix germanique que pour subir les conditions d'une paix juive ?*

En même temps que paraissait à Londres une traduction anglaise des « Protocols », une traduction allemande était publiée à Charlottenburg (Berlin), par M. Gottfried Zur Beek : Die Geheimnisse der Weissen von Zion *(Les Secrets des Sages de Sion) et se répandait assez rapidement dans les Etats du Reich, ainsi qu'en Autriche.*

A peine l'article du Times *eut-il appelé l'attention sur le* Jewish Peril, *que le petit livre devint introuvable, et, chose bizarre, MM. Eyre et Spottiswoode déclarèrent qu'ils n'en feraient pas an nouveau tirage. Mais, en attendant que par les soins d'une association nationaliste : « The Britons » fut publiée une nouvelle édition anglaise, le grand quotidien* The Morning Post *fit paraître, sous le titre :* The Cause of World Unrest, *une série d'articles d'une vive allure, fondés sur les textes des « Protocols » et sur des documents ultérieurement découverts et démontrant que c'est aux Juifs qu'il fallait attribuer le malaise mondial prolongeant les difficultés politiques et financières issue de la guerre.*

Aux Etats-Unis fut éditée chez MM. Small, Maynard de Boston, une autre traduction intitulée : The Protocols and World Revolution. *Une version polonaise parut encore en 1920. En France, quelques comptes rendus, accompagnés de citations du livre de Serge Nilus, furent insérés dans le* Correspondant, *la* Vieille France, *d'Urbain Gohier, l'*Action française, *l'*Opinion. *Une première traduction en fut publiée dans* la Libre Parole, *mais c'est seulement en septembre 1910 et* *au début de 1921 que parurent l'édition avec préface de Mgr Jouin* [6] *et celle de la* Vieille France *précédée et suivie de commentaires* [7].

Il est difficile d'être fixé sur les diverses éditions parues en Russie. Il semble que la première, due au professeur Serge Nilus, parut en 1902, mais elle dut être achetée ou confisquée par les Juifs, car ses exemplaires sont introuvables. Fut-elle rééditée en 1903 ? La chose est possible, mais la première, dont on possède le texte, est celle de 1905, qui figure au catalogue du British Museum.

L'écrivain russe G. Butmi en publia une version en 1907, avec le concours de son frère A. L. Butmi sous le titre : L'Ennemi du genre humain. *Imprimé par l'Institution des sourds-muets de Pétersbourg, le livre était dédié à l'« Union du peuple russe », association patriotique qui combattait les Juifs et les sociétés secrètes, si répandues dans l'empire du Tsar.*

L'œuvre de Serge Nilus eut de nouvelles éditions en 1911, en 1912, en 1917 et en 1920. C'est sur celle de 1911, imprimée au monastère Saint-Serge, que fut faite la traduction américaine. Quant à celle de 1912, elle n'est mentionnée ni dans la préface de Mgr Jouin, ni dans celles de l'édition allemande et de l'édition américaine ; mais nous l'avons eue entre les mains ; un spécimen de sa couverture est reproduit au seuil de ce volume qui donne la première traduction française faite directement sur le texte russe. L'édition de 1917 fut presque entièrement détruite par les Bolcheviks. Quant à celle de 1920, elle fut imprimée à Berlin. La version des « Protocols » y est reproduite sous le titre Le Rayon de Lumière, *et l'éditeur-rédacteur, Pierre Schabelski Bork, l'a accompagnée de commentaires relatifs à la Révolution russe, où sont sévèrement jugés les actes du ministre Tchernov et de Kerensky « qui, placé à la tête de la Russie pendant six mois, par ses discours et par ses actes, a trompé et trahi sa patrie* [8] *».*

Quelles sont donc les origines et la valeur de ces « Protocols » ? A l'instar de l'étincelle électrique qui, dans les cornues, provoque des précipités chimiques, ils eurent la singulière fortune de provoquer des réactions antijuives en révélant aux différents peuples un angoissant péril et en faisant connaître le plan de campagne conçu par Israël pour réaliser son rêve grandiose, l'objet de ses ambitions séculaires : la domination mondiale.

---

6. — Le péril judéo-maçonnique : *« Les « Protocols » des Sages de Sion »* (Émile Paul). Prix : 7 fr. 50.

7. — *Les Protocols* (éd. de la *Vieille France*). Prix : 3 fr.

8. — *Les Protocols* de Mgr Jouin, p. 148.

Les associations sionistes tinrent un Congrès à Bâle en 1897 et y jetèrent les bases d'un programme de conquêtes dont les succès précédemment obtenus justifiaient l'amplitude. Ce programme n'indiquaient pas seulement des objectifs successifs à atteindre; il préconisait aussi les méthodes à suivre, les règles tactiques à observer. Les diverses sections du Congrès rédigeaient des procès-verbaux de leurs séances, appelés «protocols» destinés à être communiqués à certains initiés et à conserver la trace de ces conciliabules secrets.

Serge Nilus, dans l'introduction de l'édition de 1917, déclare que les feuillets contenant des extraits de ces procès-verbaux, rédigés en français, car nombre de Sionistes ignoraient l'hébreu, lui furent remis en 1901 par Alexis Nicolajevitch Souchotin, maréchal de la noblesse de Chern. Ces feuillets furent aussi communiqués à leur second traducteur russe, C. Butmi.

Comment Alexis Nicolajevitch se les était-il procurés ? Deux versions ont cours à ce sujet : ou bien ils furent copiés par une femme, épouse ou maîtresse de l'un des initiés qui les avaient rédigés et qui crut de son devoir de transmettre ces copies à un chrétien susceptible de mettre ses coreligionnaires en garde contre des menées ténébreuses et menaçantes ; ou bien elles furent dérobées dans un coffre-fort que possédaient les Sionistes dans une ville d'Alsace. Il n'est pas certain que l'une de ces deux hypothèses soit exacte, car les détenteurs des feuillets ont dû s'efforcer de soustraire à tous soupçons et à toutes vengeances l'auteur ou les auteurs de la soustraction ou des indiscrétions commises.

Les traducteurs russes sont tous deux des hommes honorables et fermement religieux. Leurs versions sont, à quelques détails près, concordantes. Toutefois, quand Alexis N. Souchotin remis à Serge Nilus les feuillets, il lui demanda d'en tirer le meilleur partie possible au point de vuede la défense des intérêts de religion et de la patrie, ce qui pourrait laisser à l'auteur de la publication des Protocols *une certaine liberté d'interprétation et de rédaction.*

Quant à la réalité de la soustraction de documents des archives israélites, elle est confirmée par une circulaire du Comité sioniste, datée de 1901 et dans laquelle le docteur Hertzl se plaint des fuites qui ont permis aux Gentils de connaître les secrets des «Protocols».

III

Les « Protocols » sont au nombre de vingt-quatre. Ce sont plutôt des enseignements et des maximes que des procès-verbaux. Il semble que leur ou leurs auteurs aient eu pour principal souci d'exposer en vingt-quatre leçons les doctrines d'Israël, les objectifs qu'il poursuit depuis les temps les plus reculés, et les détails de l'ultime plan de campagne pour la conquête du pouvoir mondial, alors que tout semblait préparé pour commencer la lutte décisive.

Pour les Juifs, il n'y a d'autre droit que la force ; le libéralisme a détruit chez les Goys la religion et l'autorité ; l'or est aux mains d'Israël et, par l'or, il s'est emparé de la presse et de l'opinion qui commandent aux gouvernements dans les Etats démocratisés.

Les loges maçonniques sont dirigées par les juifs qui en orientent les manifestations et la propagande.

Les peuples chrétiens seront un jour tellement désemparés qu'ils réclameront un super-gouvernement universel émanant de nous. Des guerres particulières et un conflit mondial qu'Israël saura déchaîner hâteront son règne. L'autocratie juive remplacera le libéralisme des Etats chrétiens. Toutes les religions seront abolies sauf celle de Moïse.

Pour montrer leur pouvoir, les Juifs terrasseront et asserviront par l'assassinat et le terrorisme un des peuples de l'Europe. Un impôt progressif sur le capital et des emprunts d'État achèveront de ruiner les chrétiens qu'un enseignement athée aura démoralisés ; et l'heure, si longtemps attendue, sonnera. Le roi des Juifs, incarnation du Destin, régnera sur l'univers dompté.

Telle est en raccourci la donnée des « Protocols ». Il est bon d'en méditer les divers chapitres, de comparer leur texte à d'autres documents d'origine hébraïque et d'observer dans quelle mesure ont été réalisés, pendant et depuis la guerre, les faits prévus et les événements annoncés dans des feuillets écrits vingt ans auparavant.

Le troisième chapitre de ces leçons des Sages d'Israël contient une allusion au Serpent qui symbolise la marche progressive d'Israël vers la domination universelle.

Serge Nilus, dans l'épilogue de son livre, dont les versions américaine et allemande n'ont pas donné la traduction, fournit de curieux détails sur ce symbole de la puissance juive, à jamais victorieuse, lorsqu'elle aura encerclé les Etats européens. D'après les traditions judaïques, cette prédiction remonterait au temps de Salomon. La tête du serpent représente les dirigeants, les initiés d'Israël. Elle pénètre au cœur de chacune des nations pour les corrompre, les détruire ; et, partie de Sion, elle doit y revenir après avoir accompli le cycle de ses conquêtes.

Les Sionistes ont depuis longtemps dressé la carte où est tracé l'itinéraire du reptile et sur cette carte en sont marquées les grandes étapes parcourues et à parcourir. La première le conduit en Grèce, au temps de Périclès, en l'an 429 avant Jésus-Christ ; c'est sous le règne d'Auguste, un peu avant la naissance de Jésus-Christ que la tête du Serpent pénétra dans Rome. Madrid la vit apparaître sous Charles Quint ; Paris, au déclin du règne de Louis XIV ; Londres, à la chute de Napoléon ; Berlin en 1871, après les apothéoses du traité de Versailles ; Pétersbourg en 1881.

Il est notable que tous les Etats, sur lesquels le Serpent laissa sa trace baveuse, furent ébranlés jusque dans leurs fondations par des crises politiques et sociales. La carte indique par des flèches les dernières étapes : Moscou, Kieff, Odessa, Constantinople et enfin Jérusalem, point de départ et point terminus du fatal itinéraire.

Serge Nilus, dans l'édition de 1912 des « Protocols », cite encore plusieurs documents qui viennent corroborer les enseignements et les prédictions des Sages de Sion. Au mois de novembre 1910, Les Nouvelles de Moscou (Moskovskia Viedomosti) publiaient un article de K. J. Tour, intitulé « Les programmes juifs secrets » montrant les progrès réalisés par les juifs dans l'empire russe :

> *« Durant ces dernières cinquante années bien des catastrophes sont survenues, et chacune de ces catastrophes a avancé d'un pas de géant l'œuvre juive...*
> *« En Russie, la Révolution n'a pas tout à fait réussi, et cependant les Juifs ont beaucoup gagné, grâce aux événements de 1905 et 1906. Leurs derniers congrès ont dévoilé toutes leurs espérances. La Douma a été saisie d'un projet, signé d'un grand nombre de députés, accordant une complète égalité de droits aux Juifs. Et ceux-ci jouissent déjà de facto de nombreux avantages. Depuis le ministère de Witte, les limites de résidence des Israélites, mal observées autrefois, ont été rendues illusoires par une série de circulaires, et les troubles, qui ont ruiné et démoralisé les populations indigènes, ont encore tourné au profit des Juifs. »*

Un écrivain contemporain, M. Damtschanko, exprimait cette opinion dans un livre paru en 1911 :

> *« Vu leur nombre relativement petit, les Juifs seuls, dans une lutte ouverte, ne peuvent certainement pas vaincre la population au*

milieu de laquelle ils vivent en parasites, mais ils ont inventé un mode de suicide pour les chrétiens en provoquant habilement chez eux des discordes intestines et une désorganisation habilement préparée. »

Après avoir accaparé l'or et mis la main sur les principaux organes de la presse, ils se sont attaqués aux monarques, parce que ceux-ci sont « une force supérieure, pleine d'abnégation et disposée en conséquence à défendre tout ce qui est faible. » C'est pourquoi les Juifs ont partout favorisé la substitution du régime républicain au régime monarchique.

Quant au Bolchevisme, les juifs de Russie ne nient pris qu'ils en soient les auteurs responsables : Dans un journal de Charkow, publié en yeddish, Der Kommunist, *un israélite, M. Kohen, écrivait le 12 avril 1919 :*

> On peut dire sans exagération que la grande révolution sociale russe a été l'œuvre des Juifs et que les Juifs ont, non seulement mené l'affaire, mais encore qu'ils ont pris en main la cause des Soviets. Nous pouvons être tranquilles, nous Juifs, tant que la direction suprême de l'armée rouge sera entre les mains de Léon Trotsky[9].

Il n'est peut-être pas téméraire de penser que si, tout récemment, l'Angleterre a conclu une paix avec les Soviets, c'est parce que les Israélites du ministère et ceux qui gravitent autour de M. Lloyd George ont eu assez d'influence sur le gouvernement britannique pour l'amener, sous le couvert d'avantages commerciaux, à soutenir le régime juif de la Russie révolutionnaire.

Ces considérations et les commentaires de Serge Nilus peuvent éclairer on justifier certains passages des « Protocols », mais le texte lui-même ne manque ni de clarté ni de profondeur. Il porte en soi une force de démonstration peu commune et c'est pourquoi les juifs, après s'être efforcés vainement de confisquer cette brochure et d'étouffer les voix indiscrètes révélant le plan de campagne d'Israël, se sont attachés à faire croire que les procès-verbaux des Sages de Sion étaient apocryphes et ne reposaient sur aucune donnée sérieuse.

---

9. — *Le Péril judéo-maçonnique,* par Mgr Jouin, p. 144

IV

*C'est M. Salomon Reinach, qui le premier, dans l'*Opinion *du 26 juin 1920, déclara que les «Protocols» avaient été purement et simplement inventés. Le «faussaire Nilus» avait puisé ses fantaisies «dans la littérature révolutionnaire marxiste», et les juifs, comme les francs-maçons, étaient horriblement calomniés ainsi que l'avaient été autrefois les Jésuites, lors de la publication des prétendus* Monita Secreta.

Il ne chercha pas à pousser plus avant sa démonstration.

De l'autre côté de la Manche, où l'article initial du Times *et la campagne prolongée du* Morning Post *avaient produit une vive et profonde impression, les Israélites pensèrent qu'il était nécessaire d'établir l'inanité des documents révélés et de réfuter d'une manière aussi serrée que possible les arguments puisés dans les «Protocols» pour montrer la réalité menaçante du péril juif. Le Conseil de leurs députés*(10), *par l'organe de son Comité de la presse, chargea M. Lucien Wolf de cette mission délicate.*

Pas plus que Salomon Reinach, M. L. Wolf n'était sioniste avant la guerre; il n'avait donc pas assisté au Congrès de Bâle de 1897; mais c'était un journaliste expérimenté: ancien collaborateur du Daily Graphic, *où il traitait de la politique étrangère, ancien correspondant à Londres du quotidien français* Le Journal, *il était fort répandu dans la presse, d'autant qu'il avait été grand maître de la Loge maçonnique des auteurs et président de l'Institut des journalistes. Le choix semblait donc heureux à tous égards. Cependant le résultat n'a guère correspondu aux espérances conçues par les dirigeants israélites.*

M. Lucien Wolf écrivit trois articles insérés respectivement dans le Manchester Guardian, *le* Spectator, *le* Daily Telegraph; *puis il réunit ces articles en une brochure assaisonnée d'une sauce assez fade qui fut publiée sous le titre un peu long:* The Jewish Bogey and the forged Protocols of the Leamed Elders of Sion.

J'ai lu avec soin cette brochure. Elle débute par une critique assez confuse des dix-sept articles parus dans le Morning Post *sous la rubrique:* «The Cause of World Unrest». *M. Lucien Wolf s'efforce de démontrer par des témoignages, auxquels il attribue une valeur historique, que la propagande juive n'est par essence ni anti-monarchique, ni anti-chrétienne. Il déclare aussi que la*

---

10. — *The Jewish Board of Deputies.*

« judaïsation » de la franc-maçonnerie est de pure invention, alors qu'en sa personne s'affirme, de la plus évidente manière, la pénétration d'Israël dans l'organisme maçonnique. Aux préoccupations patriotiques du rédacteur du Morning Post, *il oppose des arguments spécieux. A ses yeux, Marx ne saurait être considéré comme le représentant des idées sociales du judaïsme ; ses doctrines procèdent au contraire des conceptions de Hegel et de Feuerbach qui étaient des « Gentils » et sont en opposition avec le syndicalisme et le bolchevisme.*

Pour conclure, ce que le quotidien britannique appelle la « Formidable secte » responsable du malaise mondial, ne serait qu'un mythe, sorti du cerveau d'Allemands antisémites et anglophobes et basée sur « une impudente supercherie ».

Vient alors l'essai de démonstration de la forgery *des « Protocols ». M. L. Wolf commence par tourner autour de la question. Il fait allusion aux sociétés secrètes et aux livres apocalyptiques qui défrayèrent les chroniques du XVIIe et du XVIIIe siècles, puis il entreprend une réfutation des documents publiés par un Allemand, Hermann Gœdsche vers 1868. L'un d'eux avait pour auteur supposé un Anglais, sir John Retcliffe, et traitait des événements politico-historiques survenus pendant les dix années précédentes. Un autre, que reproduisirent les journaux conservateurs allemands, et une revue française* Le Contemporain [11], *donnait le texte d'un discours qu'aurait tenu à ses disciples un grand rabbin dans le cimetière de Prague. De ce que sir John Retcliffe n'aurait jamais existé, et que le discours du rabbin semble apocryphe, M. Lucien Wolf tire des arguments qu'il estime décisifs.*

Cependant Edouard Drumont n'avait jamais pris au sérieux ces produits de l'antisémitisme germanique et n'en avait pas fait état dans les chapitres documentés de la France juive, *Mais M. Wolf a trouvé quelques analogies entre les révélations de Gœdsche et un passage des « Protocols » où est expliquée la politique suivie par les Juifs pour gouverner les masses ouvrières en promettant de les émanciper. Il n'en faut pas davantage pour qu'il en tire cette conclusion :*

> *Les dires de Gœdsche constituant une supercherie, ceux de Nilus ont évidemment le même caractère.*

Un autre argument du même genre est présenté. Dans ses Réflexions d'un Homme d'État russe, *un ancien procureur du Saint-Synode, M. Constantin Petrovich Pobyadonoszeff a critiqué sévèrement les régimes démocratiques et qualifié le suffrage universel : « la grande erreur de notre temps ». Il en a déduit que l'autocratie*

11.— Livraison du 1er juillet 1880.

donnait aux peuples de plus sûres garanties de bonne administration ; et, comme la même pensée se retrouve dans un chapitre des « Protocols », leur auteur est accusé de plagiat.

Il faut vraiment que la cause, dont il est chargé, soit difficile à plaider pour qu'un avocat aussi avisé que l'auteur du Jewish Bogey *ne trouve pas d'arguments plus décisifs.*

Il raconte un peu plus loin que, se trouvant en France en 1919, il fut mis au courant de la visite qu'aurait reçue une délégation juive alors à Paris. Un Lithuanien, ayant appartenu à la police secrète juive, se présenta aux délégués, leur fit des protestations de dévouement et déclara qu'il était en situation d'empêcher la publication d'un livre très dangereux qui, s'il voyait le jour, pourrait ruiner la maison d'Israël. Tout service méritant salaire, le visiteur demandait modestement dix mille livres sterling. On le pria de montrer le livre en question, c'était « Les Protocols ». Le Lithuanien fut éconduit, et quelques mois après paraissaient à Londres et à Charlottenburg les premières traductions anglaise et allemande du livre de Serge Nilus !

Il faut vraiment que M. Lucien Wolf soit à bout de souffle pour présenter une argumentation aussi enfantine. En quoi le fait de donner dix mille livres à une personne munie d'un exemplaire des « Protocols » eut-il pu empêcher la traduction et la publication d'un ouvrage qui avait eu avant la guerre et la Révolution russe cinq ou six éditions, et dont un spécimen figurait dans la bibliothèque du British Museum ?

Enfin le porte-parole du Jewish Board of Deputies *se bat les flancs pour faire pénétrer dans la cervelle de ses lecteurs l'idée que les Juifs de Russie et de Pologne n'ont rien de commun avec le bolchevisme.*

Ce sont les conservateurs allemands et les tsaristes qui ont lancé de pareilles calomnies, et, pour que l'oreille du franc-maçon israélite montre sa pointe, M. Lucien Wolf signale avec indignation un pamphlet anonyme, d'inspiration apocalyptique, « imprimé à Paris l'an dernier par les Jésuites de la rue Garancière » sous le titre Le Bolchevisme ! Il semble que le fait de citer gravement une imprimerie des Jésuites fonctionnant rue Garancière suffirait pour enlever toute autorité aux thèses soutenues par l'avocat officiel des Israélites anglais.

Mais voici que la Vieille France, *dans une fort curieuse étude signée : L. Fry, se dit en mesure de révéler l'auteur des « Protocols ». Il aurait pour nom Asher Ginzberg, en hébreu Achad Haam, ce qui signifie « un parmi le peuple ». Né à Skvira (gouvernement de Kiew), il étudia le Talmud dans les écoles juives, épousa la petite-fille d'un rabbin de Lubowitz, entra dans le Kahal, fonda un groupe de « jeunes sionistes », puis une société secrète Bne Moshe (les fils de Moïse). Il assistait au*

Congrès sioniste de Bâle, y aurait donné lecture des leçons formant les vingt-quatre « Protocols » mais ne se serait pas entendu avec le docteur Hertzl, ni avec Max Nordau, qui le jugeaient trop intransigeant dans son nationalisme.

Il paraît qu'Asher Ginzberg figura en tête du Comité politique juif formé en Angleterre en 1917, et que parmi ceux de sa race, il jouit d'un grand prestige.

Le poète Chaym Bialik le considère comme « un prophète », comme une étoile et le vénère comme « le maître qui seul a su montrer aux enfants de l'exil leur chemin vers la liberté ».

Si Ginzberg réside à Londres, comme le croit M. L. Fry, il pourrait avec compétence donner son avis sur la brochure de M. Lucien Wolf et sur les « Protocols » de Serge Nilus, mais les Israélites n'ont pas coutume d'initier les profanes à leurs affaires, à leurs conciliabules, à leurs divergences de vue. On s'en aperçoit une fois de plus si l'on considère que, depuis la déclaration Balfour et l'organisation du « foyer national » de Palestine, aucun juif n'ose se déclarer hostile au sionisme, alors qu'auparavant les non-sionistes étaient légion.

Il est à coup sur intéressant de savoir quel est l'auteur ou quels sont les dateurs des « Protocols », mais cette question n'a qu'une portée secondaire, et je dirai même que l'authenticité de ce document n'a aussi qu'une valeur relative.

En analysant les « Protocols », abstraction faite des commentaires de leurs éditeurs et de toutes les polémiques provoquées par leur publication, on y discerne trois éléments essentiels souvent enchevêtrés :

1°. Une critique philosophique des principes libéraux et une apologie du régime autocratique.

2°. L'exposé d'un plan de campagne, méthodiquement élaboré, pour assurer aux Juifs la domination mondiale.

3°. Des vues prophétiques sur la réalisation prochaine des parties essentielles de ce plan.

Il est possible que Serge Nilus qui, de son propre aveu, avait reçu d'Alexis Souchotin les fameux feuillets avec la demande expresse d'en tirer le meilleur partie au point de vue religieux, ne se soit pas cru obligé à les traduire littéralement, et que ses sentiment personnels de patriote russe et de fervents orthodoxe se soient manifestés de diverses manières dans la rédaction des passages philosophiques ; mais les deux derniers éléments offrent des signes indéniables de vraisemblance ; ils sont en exacte concordance avec tous les documents hébraïques qu'on possède ; et l'effondrement de la Russie, les clauses anormales de la paix, la création du super gouvernement, appelé Société des Nations, l'établissement du judaïsme à Jérusalem, constituent la plus éclatante démonstration de la réalité du plan de conquête arrêté par les Sages de Sion.

En étudiant dans ses Lundis *l'œuvre de Joseph de Maistre, Sainte-Beuve avait exprimé cette opinion sur* Les Considérations sur la France *:*

> « *L'impression que fit ce livre au moment où il parut fut vive, mais sa grande explosion n'eut lieu que vingt ans plus tard, lorsque les événements en eurent vérifié les points les plus mémorables.* »

Les « Protocols » *ont avec* Les Considérations sur la France *un trait commun : leur caractère prophétique. Peut-être pourra-t-on, à brève échéance, formuler à leur propos un jugement pareil à celui de Sainte-Beuve.*

ROGER LAMBELIN.

FAC-SIMILÉ DE LA COUVERTURE
DE L'ÉDITION RUSSE DE 1912

« PROTOCOLS » DES SAGES DE SION

CHAPITRE PREMIER

SOMMAIRE : Le droit est dans la force. La Liberté est une Idée. Le Libéralisme. L'or. La Foi. L'autonomie. Le despotisme du capital. L'ennemi intérieur. La foule. L'Anarchie. La politique et la morale. Le droit du plus fort. Le pouvoir juif franc-maçon est invincible. Le but justifie les moyens. La foule est aveugle. L'alphabet politique. Les discordes des partis. La forme de Gouvernement qui conduit le mieux à votre but est l'autocratie. Les liqueurs fortes. Le classicisme. La débauche. Le principe et les règles du Gouvernement Juif et franc-maçon. La terreur. Liberté, Egalité, Fraternité. Le principe du Gouvernement dynastique. Les privilèges de l'aristocratie des chrétiens détruits. La nouvelle aristocratie. Calcul psychologique. Abstraction de la Liberté. Amovibilité des représentants du peuple.

«Abandonnons toute phraséologie» ; étudions en elle-même chaque idée, éclairons la situation par des comparaisons et des déductions. Je vais donc formuler notre système de votre point de vue et du point de vue des chrétiens.

Il faut remarquer que les hommes qui ont de mauvais instincts sont plus nombreux que ceux qui en ont de bons. C'est pourquoi on atteint les meilleurs résultats en gouvernant les hommes par la violence et la terreur, non par les discussions académiques. Chaque homme aspire au pouvoir, chacun voudrait devenir dictateur, s'il le pouvait ; en même temps, il en est peu qui ne soient prêts à sacrifier les biens de tous pour atteindre leur propre bien.

Qu'est-ce qui a contenu les bêtes féroces qu'on appelle des hommes ? Qu'est-ce qui les a guidés jusqu'à présent ? Au début de l'ordre social ils se sont soumis à la force brutale et aveugle, plus tard à la loi, qui n'est que la même force, mais masquée. J'en conclus que d'après la loi de nature, le droit est dans la force.

La liberté politique est une idée et non un fait. Il faut savoir appliquer cette idée quand il devient nécessaire d'attirer les masses populaires à son parti par l'appât d'une idée, si ce parti a formé le dessein d'écraser le parti qui est au pouvoir. Ce problème devient facile si l'adversaire tient ce pouvoir de l'idée de liberté, de ce qu'on appelle libéralisme, et sacrifie quelque peu de sa puissance pour cette idée. Et voilà où apparaîtra le triomphe de notre théorie : les rênes relâchées du pouvoir sont aussitôt saisies en vertu de la loi de vie par d'autres mains, parce que la force aveugle du peuple ne peut rester un seul jour sans guide, et que le nouveau pouvoir ne fait que prendre la place de l'ancien, affaibli par le libéralisme.

De nos jours la puissance de l'or a remplacé le pouvoir des gouvernements libéraux.

Il fut un temps où la foi gouvernait. L'idée de la liberté est irréalisable, parce que personne ne sait en user dans une juste mesure. Il suffit de laisser quelque temps le peuple se gouverner lui-même pour que cette autonomie se transforme aussitôt en licence. Dès lors surgissent des dissensions, qui se transforment bien vite en batailles sociales, dans lesquelles les Etats se consument et où leur grandeur se réduit en cendres. Que l'état s'épuise dans ses propres convulsions ou que ses querelles intestines le réduisent à la merci des ennemis extérieurs, il peut dès lors être considéré comme irrémédiablement perdu : il est en notre pouvoir.

Le despotisme du capital, qui est tout entier entre nos mains, lui apparaît comme une planche de salut auquel il est obligé, bon gré mal gré, de se cramponner, sous peine de sombrer.

A celui que son âme libérale porterait à traiter ces raisonnements d'immoraux, je demanderai : si tout État a deux ennemis, et s'il lui est permis d'employer contre l'ennemi extérieur, sans que cela soit considéré comme immoral, tous les moyens de lutte, comme, par exemple, de ne pas lui faire connaître ses plans d'attaque ou de défense, de le surprendre de nuit ou avec des forces supérieures ; pourquoi ces mêmes mesures employées contre un ennemi pire, qui ruinerait l'ordre social et la propriété, seraient-elles dites illicites et immorales ?

Un esprit bien fait peut-il espérer mener avec succès les foules par des exhortations sensées ou par la persuasion, quand la voie est ouverte à la contradiction même déraisonnable, pourvu qu'elle paraisse séduisante au peuple qui comprend tout superficiellement ? Les hommes, qu'ils soient de la plèbe ou non, sont guidés exclusivement par leurs petites passions, par leurs superstitions, par leurs usages, par leurs traditions et lento théories sentimentales : ils sont esclaves de la division des partis qui s'opposent à l'entente la plus raisonnable. Toute décision de la foule dépend d'une majorité de hasard ou, tout au moins, superficielle ; dans son ignorance des secrets politiques, elle prend des résolutions absurdes ; une sorte d'anarchie ruine le gouvernement.

La politique n'a rien de commun avec la morale. Le gouvernement qui se laisse guider par la morale, n'est pas politique et par conséquent son pouvoir est fragile. Celui qui veut régner doit recourir à la ruse et à l'hypocrisie. Les grandes qualités populaires — la franchise et l'honnêteté — sont des vices dans la politique parce qu'elles renversent les rois de leurs trônes mieux que l'ennemi le plus puissant. Ces qualités doivent être les attributs des royaumes chrétiens, nous ne devons aucunement les prendre pour guides.

Notre but est de posséder la force. Le mot de « droit » est une idée abstraite que rien ne justifie. Ce mot signifie simplement ceci : *« Donnez-moi ce que je veux afin que je puisse prouver par là que je suis plus fort que vous. »* Où commence le droit, où finit-il ?

Dans un État, où le pouvoir est mal organisé, où les lois et le gouvernement sont devenus impersonnels du fait des droits sans nombre que le libéralisme a créés, je vois un nouveau droit de me jeter, de par la loi du plus fort, sur tous les ordres et tous les règlements établis et de les renverser ; de mettre la main sur les lois, de reconstruire toutes les institutions et de devenir le maître de ceux qui nous ont abandonné les droits que leur force leur donnait, qui y ont renoncé volontairement, libéralement...

En raison de la fragilité actuelle de tous les Pouvoirs, notre puissance sera plus durable que toute autre, parce qu'elle sera invincible jusqu'au moment où elle sera si bien enracinée qu'aucune ruse ne pourra plus la ruiner...

Du mal passager que nous sommes obliger maintenant de faire naîtra le bien d'un gouvernement inébranlable, qui rétablira la marche régulière du mécanisme de l'existence nationale, troublé par le libéralisme. Le résultat justifie les moyens. Portons notre attention dans nos projets, moins sur le bon et le moral que sur le nécessaire et l'utile.

Nous avons devant nous un plan, dans lequel est exposée stratégiquement la ligne, dont nous ne pouvons nous écarter sans courir les risques de voir détruits les travaux de plusieurs siècles.

Pour trouver les moyens qui mènent à ce but, il faut tenir compte de la lâcheté, de l'instabilité, de l'inconstance de la foule, de son incapacité à comprendre et à estimer les conditions de sa propre vie et de sa prospérité. Il faut comprendre que la puissance de la foule est aveugle, insensée, ne raisonne pas, écoute à droite et à gauche.

Un aveugle ne peut conduire un aveugle sans le conduire au précipice ; de même les membres de la foule, sortis du peuple, fussent-ils doués d'un esprit génial, faute de rien comprendre à la politique, ne peuvent prétendre la guider sans perdre toute la nation.

Seul, un individu préparé dès l'enfance à l'autocratie, peut connaître le langage et la réalité politiques.

Un peuple livré à lui-même, c'est-à-dire aux parvenus de son milieu, se ruine par les discordes de partis, qu'excitent la soif du pouvoir, et par les désordres qui en proviennent. Est-il possible aux masses populaires de raisonner tranquillement, sans rivalités intestines, de diriger les affaires du pays qui ne peuvent être confondues avec les intérêts personnels ? Peuvent-elles se défendre contre les ennemis extérieurs ? C'est impossible. Un plan, divisé en autant de têtes qu'il y en a dans la foule, perd son unité ; il devient inintelligible et irréalisable.

Il n'y a qu'un autocrate qui puisse élaborer des plans vastes et clairs, donner sa place à toutes choses dans le mécanisme de la machine gouvernementale. Concluons donc qu'un gouvernement utile au pays et capable d'atteindre ce but qu'il se propose, doit être concentré dans les mains d'un seul individu responsable. Sans le despotisme absolu, la civilisation ne peut exister ; elle n'est pas l'œuvre des masses, mais de leur guide, quel qu'il soit. La foule est un barbare qui montre sa barbarie en toute occasion. Aussitôt que la foule prend en mains la liberté, elle la transforme bien vite en anarchie, qui est le plus haut degré de barbarie.

Voyez ces animaux ivres d'eau-de-vie, hébétés par le vin, auquel le droit de boire sans limites est donné en même temps que la liberté. Nous ne pouvons permettre que les nôtres tombent à ce degré...

Les peuples chrétiens sont abrutis par les liqueurs fortes ; leur jeunesse est abrutie par les études classiques et par la débauche précoce à laquelle l'ont poussée nos agents — précepteurs, domestiques, gouvernantes — dans les maisons riches, nos commis ailleurs, nos femmes dans les lieux de divertissements des chrétiens.

Au nombre de ces dernières, je compte aussi ce qu'on appelle «les femmes du monde» initiatrices volontaires de leur débauche et de leur luxe.

Notre mot d'ordre est : la force et l'hypocrisie. Seule la force peut triompher en politique, surtout si elle est cachée dans les talents nécessaires aux hommes d'État. La violence doit être un principe, la ruse et l'hypocrisie une règle pour les gouvernements qui ne veulent pas remettre leur couronne aux mains des agents d'une nouvelle force. Ce mal est l'unique moyen de parvenir au but, le bien. C'est pourquoi nous ne devons pas nous arrêter devant la corruption, la tromperie et la trahison, toutes les fois qu'elles peuvent nous servir à atteindre notre but. En politique il faut savoir prendre la propriété d'autrui sans hésiter, si nous pouvons obtenir par ce moyen la soumission et le pouvoir.

Notre État, dans cette conquête pacifique, a le droit de remplacer les horreurs de la guerre par des condamnations à mort moins visibles et plus, profitables, nécessaires pour entretenir cette terreur qui fait obéir les peuples aveuglément. Une sévérité juste, mais inflexible, est le plus grand facteur de la force d'un État, ce n'est donc pas seulement notre avantage, c'est notre devoir, pour obtenir la victoire, de nous en tenir à ce programme de violence et d'hypocrisie.

Une pareille doctrine basée sur le calcul, est aussi efficace que les moyens qu'elle emploie. Ce n'est donc pas seulement par ces moyens, mais aussi par cette doctrine de la sévérité que nous triompherons et que nous asservirons tous les gouvernements à notre gouvernement suprême. Il suffira que l'on sache que nous sommes inflexibles pour que toute insubordination cesse.

C'est nous, qui les premiers, dans ce qui est encore l'antiquité, avons jeté au peuple les mots «Liberté, Egalité, Fraternité» : paroles répétées tant de fois dans la suite par des perroquets inconscients, qui attirés de toutes parts par cet appât, n'en ont usé que pour détruire la prospérité du monde, la véritable liberté individuelle, autrefois si bien garantie de la contrainte de la foule. Des hommes qui se croyaient intelligents n'ont pas su démêler le sens caché de ces mots, n'ont pas vu qu'ils se contredisaient, n'ont pas vu qu'il n'y a pas d'égalité dans la nature, qu'il ne peut y avoir de liberté, que la nature elle-même a établi l'inégalité des esprits, des caractères et des intelligences, si fortement soumis à ses lois ; ces hommes n'ont pas compris que la foule est une force aveugle ; que les parvenus qu'elle élit pour la gouverner, ne sont pas moins aveugles en politique qu'elle-même, que l'initié fut-il un sot, peut gouverner, tandis que la foule des non-initiés, même pleins de génie, n'entend rien à la politique.

Toutes ces considérations ne vinrent pas à l'esprit des chrétiens ; cependant, c'est là-dessus que reposait le principe du gouvernement dynastique ; le père transmettait à son fils les secrets de la politique, inconnus en dehors des membres de la famille régnante, afin que nul ne pût trahir le secret. Plus tard le sens de la transmission héréditaire des vrais principes de la politique se perdit. Le succès de notre œuvre en fut accru.

Pourtant, dans le monde, les mots « Liberté, Egalité, Fraternité » mirent dans nos rangs, par l'entremise de nos agents aveugles, des légions entières d'hommes qui portèrent avec enthousiasme nos étendards. Et cependant ces mots étaient des vers qui rongeaient la prospérité de tous les non-juifs, en détruisant partout la paix, la tranquillité, la solidarité, en sapant tous les fondements de leurs Etats. Vous verrez par la suite que cela servit à notre triomphe ; cela nous donna, entre autres, la possibilité d'obtenir l'atout le plus important, autrement dit, d'abolir les privilèges, l'essence même de l'aristocratie des chrétiens, et l'unique moyen de défense qu'ont contre nous les peuples et les nations.

Sur les ruines de l'aristocratie naturelle et héréditaire, nous avons élevé notre aristocratie de l'intelligence et de la finance. Nous avons pris pour critérium de cette nouvelle aristocratie la richesse, qui dépend de nous, et la science qui est dirigée par nos sages.

Notre triomphe fut encore facilité par le fait que dans nos rapports avec les hommes dont nous avions besoin, nous sûmes toujours toucher les cordes les plus sensibles de l'esprit humain : le calcul, l'avidité, l'insatiabilité des besoins matériels de l'homme, chacune de ces faiblesses humaines, prise à part est capable d'étouffer l'esprit d'initiative en mettant la volonté des hommes à la disposition de celui qui achète leur activité.

L'idée abstraite de la liberté a donné la possibilité de persuader aux foules qu'un gouvernement n'est pas autre chose qu'un gérant du propriétaire du pays, c'est-à-dire du peuple, et qu'on peut les changer comme on change des gants usés. L'amovibilité des représentants du peuple les mettait à notre disposition ; ils dépendaient de notre choix.

CHAPITRE II

Sommaire : Les guerres économiques sont le fondement de la suprématie juive. L'administration visible et les « Conseillés secrets ». Le succès des doctrines destructives. L'assimilation en politique. Le rôle de la presse. Le prix de l'or et la valeur des victimes juives.

Il nous est nécessaire que les guerres ne donnent pas, autant que cela est possible, d'avantages territoriaux. La guerre ainsi transportée sur le terrain économique, et les Nations verront la force de notre suprématie, et cette situation mettra les deux parties à la disposition de nos agents internationaux, qui ont des milliers d'yeux que nulle frontière n'arrête. Alors nos droits internationaux effaceront les droits nationaux, au sens propre du mot et gouverneront les peuples de même que le droit civil des Etats règle les rapports de leurs sujets entre eux.

Les administrateurs, choisis par nous dans le public, en raison de leurs aptitudes serviles, ne seront pas des individus préparés pour l'administration du pays. Ainsi ils deviendront aisément des pions dans notre jeu, dans les mains de nos conseillers savants et géniaux, de nos spécialistes, élevés dès l'enfance en vue d'administrer les affaires du monde entier. Vous savez que nos spécialistes ont puisé les renseignements nécessaires pour administrer dans nos plans politiques, dans les expériences de l'histoire, dans l'étude de tous les événements remarquables. Les chrétiens ne se guident pas sur la pratique d'observations impartiales tirées de l'histoire, mais sur une routine théorique, incapable d'atteindre aucun résultat réel. C'est pourquoi nous n'avons pas à compter avec eux ; qu'ils s'amusent encore quelque temps, qu'ils vivent d'espoirs ou de nouveaux divertissements, ou du souvenir des amusements qu'ils ont déjà eus.

Laissons-les croire à l'importance que nous leur avons inspirée des lois de la science — des théories. C'est dans ce dessein que nous augmentons constamment, par notre presse, leur confiance aveugle en ces lois.

La classe intelligente des chrétiens sera fière de ses connaissances et, sans les examiner logiquement, mettra en action tous les renseignements de la science, rassemblés par nos agents pour guider leurs esprits dans le sens qui nous est nécessaire. Ne croyez pas nos affirmations sans fondement ; remarquez les succès que nous avons su créer au Darwinisme, au Marxisme, au Nietzschéisme. Pour nous au moins, l'influence délétère de ces tendances doit être évidente.

Il nous est nécessaire de compter avec les idées, les caractères, les tendances modernes des peuples pour ne pas commettre d'erreurs en politique et dans l'administration des affaires. Notre système, dont les parties peuvent être disposées différemment selon les peuples que nous rencontrons sur notre route, ne peut avoir de succès si son application pratique n'est basée sur les résultats du passé confrontés avec le présent.

Les Etats modernes ont en mains une grande force créatrice : la presse. Le rôle de la presse est d'indiquer les réclamations soi-disant indispensables, de faire connaître les plaintes du peuple, de créer des mécontents, de leur donner une voix.

La presse incarne la liberté de la parole. Mais les Etats n'ont pas su utiliser cette force, et elle est tombée entre nos mains. Par elle nous avons obtenu de l'influence tout en restant dans l'ombre, grâce à elle nous avons amassé dans nos mains l'or, en dépit des torrents de sang et de larmes au milieu desquels nous avons dû les prendre... Mais nous nous sommes rachetés, en sacrifiant beaucoup des nôtres. *Chacune de nos victimes vaut des milliers de chrétiens devant Dieu.*

CHAPITRE III

SOMMAIRE : Le serpent symbolique et sa signification. Instabilité de la balance constitutionnelle. La terreur dans les palais. Le pouvoir et l'ambition. Les machines à parler parlementaires, les pamphlets. Les abus du pouvoir. L'esclavage économique.

« La vérité du peuple ». Les accapareurs et l'aristocratie. L'armée des francs-maçons Juifs. La dégénérescence des chrétiens. La faim et le droit du capital. La venue et le couronnement du « maître universel ». L'objet fondamental du programme des futures écoles populaires des francs-maçons. Le secret de la science de l'ordre social. Crise économique générale. Sécurité des « Nôtres ». Le despotisme des francs-maçons est le règne de la raison. Perte d'un guide. La franc-maçonnerie et la « grande » Révolution française. Le roi despote est du sang de Sion. Causes de l'Invulnérabilité de la franc-maçonnerie. Le rôle des agents secrets de la franc-maçonnerie. La Liberté.

Je puis aujourd'hui vous annoncer que nous sommes déjà près du but. Encore un peu de chemin, et le cercle du *Serpent Symbolique* (qui représente notre peuple) sera fermé. Quand ce cercle sera fermé, tous les Etats de l'Europe y seront enserrés, comme dans un fort étau.

La balance constitutionnelle sera bientôt renversée, parce que nous l'avons faussée pour qu'elle ne cesse de pencher d'un côté ou de l'autre jusqu'à ce qu'enfin le fléau soit usé. Les chrétiens croyaient l'avoir construite assez solidement, ils attendaient toujours que les plateaux de la balance se missent en équilibre. Mais les personnes régnantes — le fléau — sont protégées par leurs représentants, qui font des sottises et se laissent entraîner par leur pouvoir sans contrôle et sans responsabilité.

Ils doivent ce pouvoir à la terreur qui règne dans les palais. Les personnes régnantes n'ayant plus d'accès auprès de leur peuple, ne peuvent plus se concerter avec lui et se fortifier contre les personnes aspirant au pouvoir. La force clairvoyante des personnes régnantes et la force aveugle du peuple, divisées par nous, ont perdu toute importance ; séparées, elles sont aussi impuissantes que l'aveugle sans son bâton. Pour pousser les ambitieux à abuser du pouvoir, nous avons opposé l'une à l'autre toutes les forces, en développant toutes leurs tendances libérales vers l'indépendance...

Nous avons encouragé dans ce but toute entreprise, nous avons armé tous les partis, nous avons fait du pouvoir la cible de toutes les ambitions. Nous avons transformé en arènes les Etats où se développent les troubles... Encore un peu de temps et les désordres, les banqueroutes apparaîtront partout.

Les bavards intarissables ont transformé les séances de Parlements et les réunions administratives en luttes oratoires. De hardis journalistes, des pamphlétaires sans vergogne attaquent tous les jours le personnel administratif. Les abus du pouvoir prépareront finalement la chute de toutes les institutions, et tout sera renversé sous les coups de la fouie devenue folle.

Les peuples sont enchaînés au lourd travail plus fortement que ne les enchaînait l'esclavage et le servage. On pouvait se libérer de l'esclavage et du servage d'une manière ou de l'autre. On pouvait traiter avec eux, mais on ne peut se libérer de sa misère. Les droits que nous avons inscrits dans les constitutions sont fictifs pour les masses, et non réels. Tous ces prétendus « droits du peuple » ne peuvent exister que dans l'esprit, ils ne sont jamais réalisables. Qu'est-ce pour le travailleur prolétaire courbé sur son travail pénible, écrasé par son sort, que le droit donné aux bavards de bavarder, le droit donné aux journalistes d'écrire toutes sortes d'absurdités en même temps que des choses sérieuses, du moment que le prolétariat ne tire pas d'autres avantages de la constitution que les misérables miettes que nous lui jetons de notre table, en échange d'un suffrage favorable à nos prescriptions, à nos suppôts, à nos agents ? Les droits républicains pour le pauvre diable sont une amère ironie : la nécessité d'un travail presque quotidien ne lui permet pas d'en jouir : en revanche ils lui ôtent la garantie d'un gain constant et sûr, en le mettant sous la dépendance des grèves des patrons ou des camarades. Sous notre direction le peuple a détruit l'aristocratie qui était sa protectrice et sa mère nourricière naturelle, elle dont l'intérêt est inséparable de la prospérité du peuple. Maintenant que l'aristocratie est détruite, il est tombé sous le joug des accapareurs, des filous enrichis qui l'oppressent d'une manière impitoyable.

Nous apparaîtrons comme des libérateurs de ce joug à l'ouvrier quand nous lui proposerons d'entrer dans les rangs de cette armée de socialistes, d'anarchistes, de communards, que nous soutenons toujours sous prétexte de solidarité entre les membres de notre franc-maçonnerie sociale. L'aristocratie qui jouissait de plein droit du travail des ouvriers, avait intérêt à ce que les travailleurs fussent rassasiés, sains et forts. Notre intérêt est au contraire que les chrétiens dégénèrent. Notre puissance est dans la faim chronique, dans la faiblesse de l'ouvrier, parce que tout cela l'asservit à notre volonté et qu'il n'aura en sa puissance ni force ni énergie pour s'opposer à cette volonté. La faim donne au capital sur l'ouvrier plus de droits que l'aristocratie n'en recevait du pouvoir royal et légal. Par la misère et la haine envieuse qu'elle produit nous manœuvrons les foules, nous nous servons de leurs mains pour écraser ceux qui s'opposent à nos desseins.

Quand viendra le temps pour notre souverain universel d'être couronné, ces mêmes mains balayeront tout ce qui pourrait lui être un obstacle. Les chrétiens ont perdu l'habitude de penser en dehors de nos conseils scientifiques. C'est pourquoi ils ne voient pas la nécessité urgente de faire ce que nous feront quand notre règne sera venu, c'est-à-dire d'enseigner dans les écoles primaires la seule science véritable, la première de toutes les sciences de l'ordre social, de la vie humaine, de l'existence sociale qui demande la division du travail et par conséquent la division des hommes en classes et conditions. Il est nécessaire que chacun sache qu'il ne peut y avoir d'égalité par suite des différentes activités auxquelles chacun est destiné ; que tous ne peuvent être également responsables devant la loi ; que, par exemple, la responsabilité n'est pas la même de celui qui, par ses actes, compromet toute une classe et de celui qui ne porte atteinte qu'à son honneur. La vraie science de l'ordre social, dans le secret de laquelle nous n'admettons pas les chrétiens, montrerait à tous que la place et le travail de chacun doivent être différents, pour ne pas être une source de tourments par suite du défaut de correspondance entre l'éducation et le travail. En étudiant cette science, les peuples obéiront volontiers aux pouvoirs et à l'ordre social établi par eux dans l'État. Au contraire, dans l'état présent de la science telle que nous l'avons faite, le peuple, croyant aveuglément à la parole imprimée, nourrit, par suite des erreurs qui lui sont insinuées dans son ignorance, de l'inimitié contre toutes les conditions qu'il croit au-dessus de lui, parce qu'il ne comprend pas l'importance de chaque condition. Cette inimitié augmentera encore par suite de la crise économique qui finira par arrêter les opérations de la Bourse et la marche de l'industrie.

Quand nous aurons créé par tous les moyens cachés dont nous disposons à l'aide de l'or, qui est tout entier entre nos mains, une crise économique générale, nous lancerons dans la rue des foules entières d'ouvriers simultanément dans tous les pays de l'Europe. Ces foules se mettront avec volupté à répandre le sang de ceux qu'elles envient dès leur enfance, dans la simplicité de leur ignorance, et dont elles pourront alors piller les biens. Elles ne toucheront pas les nôtres ; parce que le moment de l'attaque nous sera connu et que nous aurons pris des mesures pour garantir les nôtres. Nous avons affirmé que le progrès soumettrait tous les chrétiens au règne de la raison. Tel sera notre despotisme : il saura calmer toutes les agitations par de justes sévérités, il saura extirper le libéralisme de toutes les institutions. Quand le peuple vit qu'on lui faisait au nom de la liberté tant de concessions et de complaisances, il s'imagina être le maître et se jeta sur le pouvoir mais il se heurta tout naturellement comme un aveugle, à quantité d'obstacles ; il se mit à chercher un guide, n'eût pas l'idée de retourner à l'ancien et déposa tous ses pouvoirs à nos pieds.

Rappelez-vous la révolution française à laquelle nous avons donné le nom de « grande » ; les secrets de sa préparation nous sont bien connus, car elle fut tout entière l'œuvre de nos mains. Depuis lors, nous menons le peuple d'une déception à l'autre afin qu'il renonce même à nous, au profit du roi despote du sang de Sion que nous préparons pour le monde. Actuellement nous sommes invulnérables comme force internationale, car, quand on nous attaque dans un État, on nous détend dans les autres.

La lâcheté infinie des peuples chrétiens qui rampent devant la force, qui sont impitoyables pour la faiblesse et pour les fautes, mais indulgents pour les crimes, qui ne veulent pas supporter les contradictions de la liberté, qui sont patients jusqu'au martyre devant la violence d'un hardi despotisme voilà ce qui favorise notre indépendance, Ils souffrent et supportent des premiers ministres actuels des abus pour le moindre desquels ils décapiteraient vingt rois. Comment expliquer un tel phénomène, une telle inconséquence des masses populaires en face d'événements qui semblent de même nature ? Ce phénomène s'explique par ce fait que ces dictateurs — les premiers ministres — font dire tout bas au peuple par leurs agents que s'ils causent du détriment aux Etats, c'est dans le but dernier de réaliser le bonheur des peuples, leur fraternité internationale, la solidarité, les droits égaux pour tous. Naturellement on ne leur dit pas que cette unité ne doit se faire que sous notre autorité. Et voilà le peuple qui condamne les justes et absout les coupables, se persuadant de plus en plus qu'il peut faire tout ce qu'il lui plaît. Dans ces conditions, le peuple détruit toute stabilité et crée le désordre à chaque pas.

La mot «Liberté» met les sociétés humaines en lutte contre toute force, contre toute puissance, même contre celle de Dieu et de la nature. Voilà pourquoi à notre avènement nous devrons exclure ce mot du vocabulaire humain, comme principe de la brutalité qui change les foules en bêtes féroces. Il est vrai que ces bêtes s'endorment chaque fois qu'elles se sont abreuvées de sang et qu'alors il est facile de les enchaîner. Mais si on ne leur donne pas de sang, elles ne dorment pas et luttent.

CHAPITRE IV

SOMMAIRE : Les différents stades d'une République. La franc-maçonnerie extérieure. La liberté et la foi. La concurrence Internationale du commerce et de l'industrie. Le rôle de la spéculation. Le culte de l'or.

Toute République passe par différents stades. Le premier comprend les premiers jours de folie d'un aveugle qui se jette à droite et à gauche. Le deuxième est celui de la démagogie, d'où naît l'anarchie, puis vient inévitablement le despotisme : non pas un despotisme légal et déclaré et par conséquent responsable, mais un despotisme invisible et inconnu, et néanmoins sensible ; despotisme exercé par une organisation secrète qui agit avec d'autant moins de scrupules qu'elle agit sous le couvert de divers agents, dont le changement non seulement ne lui nuit pas, mais la soutient en la dispensant de dépenser ses ressources à récompenser de longs services. Qui pourrait renverser une force invisible ? Car telle est notre force.

La franc-maçonnerie extérieure ne sert qu'à couvrir nos desseins ; le plan d'action de cette force, le lieu de son séjour même resteront toujours inconnu au peuple.

La liberté elle-même pourrait être inoffensive et exister dans l'État sans nuire à la prospérité des peuples, si elle reposait sur les principes de la croyance en Dieu, de la fraternité humaine, en dehors de l'idée d'égalité contredite par les lois de la création elle-même, qui ont établi la subordination. Avec une telle foi le peuple se laisserait gouverner par la tutelle des paroisses et marcherait humble et paisible sous la main de son pasteur spirituel, soumis à la distribution divine des biens de ce monde. Voilà pourquoi il est nécessaire que nous ruinions la foi, que nous arrachions de l'esprit des chrétiens le principe même de la Divinité et de l'Esprit, pour leur substituer des calculs et des besoins matériels. Pour que les esprits des esprits chrétiens n'aient pas le temps de penser et d'observer, il faut les distraire par l'industrie et le commerce.

De cette manière, toutes les nations chercheront leurs avantages et, luttant chacune pour leurs avantages propres, ne remarqueront pas leur ennemi commun.

Mais pour que la liberté puisse ainsi désagréger et détruise complètement la société des chrétiens, il faut faire de la spéculation la base de l'industrie ; de la sorte, aucune des richesses que l'industrie tirera de la terre ne restera dans la main des industriels mais toutes s'en iront en spéculations, c'est-à-dire tomberont dans nos caisses. La lutte ardente pour la suprématie, les heurts de la vie économique créeront et ont déjà créé des sociétés désenchantées, froides et sans cœur.

Ces sociétés auront une répugnance absolue pour la politique supérieure et pour la religion. Leur seul guide sera le calcul, c'est-à-dire l'or, pour lequel elles auront un vrai culte à cause des biens matériels qu'il peut procurer. Alors les basses classes des chrétiens nous suivront dans notre lutte contre la classe intelligente des chrétiens au pouvoir, nos concurrents, non pour faire le bien, non pas même pour acquérir la richesse, mais par haine seulement des privilégiés.

CHAPITRE V

Quelle forme d'administration peut-on donner à des sociétés dans lesquelles la corruption a pénétré partout, où l'on n'arrive à la richesse que par ces surprises habiles qui sont des demi-filouteries ; où règne la licence des mœurs ; où la moralité ne se soutient que par des châtiments et des lois austères, et non par des principes volontairement acceptés ; où les sentiments de Patrie et de Religion sont étouffés par des croyances cosmopolites ? Quelle forme de Gouvernement donner à ces sociétés, si ce n'est la forme despotique que je décrirai plus loin ? Nous réglerons mécaniquement toutes les actions de la vie politique de nos sujets par de nouvelles lois. Ces lois reprendront une à une toutes les complaisances et les trop grandes libertés, qui furent accordées par les chrétiens, et notre règne se signalera par un despotisme si majestueux qu'il sera en état, en tout temps et en tout lieu, de faire taire les chrétiens qui voudront nous faire de l'opposition et qui seront mécontents. On nous dira que le despotisme dont je parle ne s'accorde pas avec les progrès modernes. Je prouverai le contraire.

Lorsque le peuple considérait les personnes régnantes comme une pure émanation de la Volonté Divine, ils se soumettaient sans murmure à l'absolutisme des rois, mais du jour où nous leur avons suggéré l'idée de leurs propres droits, ils ont considéré les personnes régnantes comme de simples mortels. L'Onction Divine est tombée de la tête des rois ; puis que nous lui avons enlevé sa croyance en Dieu ; l'autorité a passé dans la rue, c'est-à-dire dans un lieu de propriété publique et nous nous en sommes emparés. De plus, l'art de gouverner les masses et les individus au moyen d'une théorie et d'une phraséologie habilement combinée, par des règlements de la vie sociale et par toute sorte d'autres moyens ingénieux, auxquels les chrétiens n'entendent rien, fait aussi partie de notre génie administratif, élevé dans l'analyse, dans l'observation, dans de telles finesses de conception que nous n'y avons pas de rivaux, de même que nous n'en avons pas pour concevoir des plans d'action politique et de solidarité.

Seuls les Jésuites pourraient nous égaler sous ce rapport, mais nous avons pu les discréditer aux yeux de la foule stupide, parce qu'ils formaient une organisation visible, tandis que nous restions nous-mêmes dans l'ombre avec notre organisation secrète. Du reste, qu'importe au monde le maître qu'il aura ?

Que lui importe que ce soit le chef du catholicisme, ou notre despote du sang de Sion ? Mais pour nous, qui sommes le peuple élu, la question est loin d'être indifférente. Une coalition universelle des chrétiens pourrait nous dominer pour quelque temps, mais nous sommes garantis de ce danger par les profondes semences de discorde qu'on ne peut plus arracher de leur cœur. Nous avons opposé les uns aux autres les calculs individuels et nationaux des chrétiens, leurs haines religieuses et ethniques, que nous avons cultivées depuis vingt siècles. C'est pourquoi aucun gouvernement ne trouvera de secours nulle part : chacun croira une entente contre nous défavorable à ses propres intérêts. Nous sommes trop forts, il faut compter avec nous. Les puissances ne peuvent conclure l'accord le plus insignifiant sans que nous y prenions part maintenant.

Per me reges regnant — « par moi règnent les rois ». Nos prophètes nous ont dit que nous sommes élus par Dieu même pour dominer tonte la terre. Dieu nous a donné le génie afin que nous puissions venir à bout de ce problème. Fut-il un génie dans le camp opposé, il pourrait lutter contre nous, mais le nouveau venu ne vaut pas le vieil habitant ; la lutte entre nous serait impitoyable, telle que le monde n'en a pas encore vue. Et puis ces hommes de génie viendraient trop tard.

Tous les rouages du mécanisme gouvernemental dépendent d'un moteur qui est entre nos mains, et ce moteur c'est l'or. La science de l'économie politique inventée par nos sages nous montre depuis longtemps le prestige royal de l'or.

Le capital, pour avoir les mains libres, doit obtenir le monopole de l'industrie et du commerce ; c'est ce qu'est en train de réaliser déjà une main invisible dans toutes les parties du monde. Cette liberté donnera la force politique aux industriels, le peuple leur sera soumis.

Il importe plus de nos jours de désarmer les peuples que de les mener à la guerre, il importe plus de servir des passions échauffées pour notre profit que de les calmer, il importe plus de s'emparer des idées d'autrui et de les commenter que de les bannir. Le problème capital de notre gouvernement est d'affaiblir l'esprit public par la critique ; de leur faire perdre l'habitude de penser, car la réflexion crée l'opposition ; de détourner les forces de l'esprit en vaines escarmouches d'éloquence. De tout temps les peuples, de même que les simples individus, ont pris les paroles pour des faits, car ils se contentent de l'apparence des choses, et se donnent rarement la peine d'observer si l'accomplissement a suivi les promesses qui touchent à la vie sociale.

C'est pourquoi nos institutions auront une belle façade, qui démontrera éloquemment leurs bienfaits en ce qui concerne le progrès. Nous nous approprierons la physionomie de tous les partis, de toutes les tendances et nous les enseignerons à nos orateurs qui parleront tant, que tout le monde sera las de les entendre. Pour prendre l'opinion publique en mains, il faut la rendre perplexe en exprimant de divers côtés et si longtemps tant d'opinions contradictoires que les chrétiens finiront par se perdre dans leur labyrinthe et par comprendre qu'il vaut beaucoup mieux n'avoir aucune opinion en politique. Ce sont des questions que la société n'a pas à connaître. Il n'est donné de les connaître qu'à celui qui la dirige.

C'est là le premier secret.

Le second secret, nécessaire pour gouverner avec succès, consiste à multiplier tellement les défauts du peuple, les habitudes, les passions, les règles de la vie en commun que personne ne puisse débrouiller ce chaos, et que les hommes en arrivent à ne plus se comprendre les uns les autres. Cette tactique aura encore pour effet de jeter la discorde dans tous les partis, de désunir toutes les forces collectives, qui ne veulent pas encore se soumettre à nous ; elle découragera toute initiative personnelle même géniale, et sera plus puissante que des millions d'hommes chez qui nous avons semé la discorde. Il nous faut diriger l'éducation des sociétés chrétiennes de telle sorte que leurs mains s'abattent dans une impuissance désespérée devant chaque affaire qui demandera de l'initiative. L'effort, qui s'exerce sous le régime de la liberté sans limites, est impuissant parce qu'il se heurte aux efforts libres d'autrui. De là naissent de pénibles conflits moraux, des déceptions, des insuccès. Nous fatiguerons tant les chrétiens de cette liberté que nous les forcerons à nous offrir un pouvoir international, dont la disposition sera telle qu'elle pourra sans les briser englober les forces de tous les Etats du monde et former le Gouvernement Suprême.

A la place des Gouvernements actuels nous mettrons un épouvantail qui s'appellera l'administration du Gouvernement Suprême. Ses mains seront tendues de tous côtés comme des pinces, et son organisation sera si colossale, que tous les peuples ne pourront manquer de lui être soumis.

CHAPITRE VI

SOMMAIRE : Les monopoles ; les fortunes des chrétiens dépendent de ces monopoles. L'aristocratie privée de richesse foncière. Le commerce, l'industrie et la spéculation. Le luxe. La hausse du salaire et le renchérissement des objets de première nécessité. L'anarchie et l'Ivrognerie. Le sens secret de la propagande des théories économiques.

Bientôt nous instituerons d'énormes monopoles, réservoirs de richesses colossales, dont les fortunes même grandes des chrétiens dépendront tellement qu'elles y seront englouties, comme le crédit des Etats le lendemain d'une catastrophe politique...

Messieurs les économistes, ici présents, considérez l'importance de cette combinaison !...

Il nous faut développer par tous les moyens possibles l'importance de notre Gouvernement Suprême, en le représentant comme le protecteur et le rémunérateur de tous ceux qui se soumettent à lui volontairement. L'aristocratie des chrétiens, en tant que force politique a disparu, nous n'avons plus à compter avec elle ; mais, comme propriétaire de biens territoriaux, elle peut nous nuire dans la mesure où ses ressources peuvent être indépendantes. Il nous faut donc absolument la déposséder de ses terres. Le meilleur moyen pour cela est d'augmenter les impôts sur la propriété foncière, afin d'endetter la terre. Ces mesures retiendront la propriété foncière dans un état de sujétion absolue. Les aristocrates chrétiens ne sachant pas, de père en fils, se contenter de peu, seront vite ruinés. En même temps il faut protéger le commerce et l'industrie fortement, et surtout la spéculation, dont le rôle sert de contrepoids à l'industrie ; sans la spéculation, l'industrie multiplierait les capitaux privés, elle améliorerait l'agriculture, en libérant la terre des dettes créées par les prêts des banques foncières. Il faut que l'industrie ôte à la terre le fruit du travail comme du capital, qu'elle nous donne par la spéculation l'argent du monde entier :.Jetés par là même dans les rangs des prolétaires tous les chrétiens s'inclineront devant nous pour avoir seulement le droit d'exister.

Pour ruiner l'industrie des chrétiens nous développerons la spéculation, le goût du luxe, de ce luxe qui dévore tout. Nous ferons monter les salaires qui, cependant, ne rapporteront aucun profit aux ouvriers, car nous aurons fait naître en même temps un renchérissement des objets de première nécessité, dû, dirons-nous, à la décadence de l'agriculture et de l'élevage ; de plus, nous saperons adroitement et profondément les sources de la production, en habituant les ouvriers à l'anarchie et aux boissons spiritueuses aussi bien qu'en prenant toutes les mesures possibles pour exiler de la terre les chrétiens intelligents. Pour empêcher que la situation ne soit vue prématurément sous son vrai jour, nous masquerons nos vrais desseins d'un désir prétendu de servir les classes ouvrières et de propager les grands principes économiques que nous enseignons aujourd'hui.

CHAPITRE VII

SOMMAIRE : Pourquoi Il faut augmenter les armements. Fermentations, discordes et haines dans le monde entier. Coercition de l'opposition des « chrétiens » par les guerres et par la guerre générale. Le secret est le gage du succès en politique. La Presse et l'opinion publique. Les canons américains, japonais et chinois.

L'augmentation des armements et du personnel de la police est un complément nécessaire du plan que nous avons exposé. Il faut qu'il n'y ait plus, dans tous les Etats, en dehors de nous, que des masses de prolétaires, quelques millionnaires qui nous soient dévoués, des policiers et des soldats.

Dans toute l'Europe aussi bien que dans les autres continents nous devons susciter l'agitation, la discorde et la haine. Le profit est double. D'un côté, nous tenons par là en respect tous les pays qui sauront que nous pourrons, à notre gré, provoquer le désordre ou rétablir l'ordre : tous ces pays seront ainsi habitués à nous considérer comme un fardeau nécessaire. Secondement, nos intrigues embrouilleront tous les fils que nous aurons tendus dans les cabinets d'État et cela au moyen de la politique, de contrats économiques, d'engagements financiers. Pour atteindre notre but, il nous faudra faire preuve d'une grande astuce au cours des pourparlers et des négociations ; mais dans ce qui s'appelle « la langue officielle » nous suivrons une tactique opposée et nous paraîtrons honnêtes et conciliants.

De la sorte, les peuples et les gouvernements des chrétiens que nous avons habitués à ne regarder que la face des choses que nous leur présentons, nous prendrons une fois de plus pour les bienfaiteurs et les sauveurs du genre humain. A chaque opposition, nous devrons être en état de faire déclarer la guerre par les voisins du pays qui oseraient nous contrecarrer ; et si ces voisins eux-mêmes s'avisaient de se liguer contre nous, nous devrions les repousser par une guerre générale.

La plus sûre voie du succès, en politique, est le secret de ses entreprises : la parole du diplomate ne doit pas s'accorder avec ses actes. Nous devons contraindre les gouvernements chrétiens à agir selon ce plan que nous avons conçu avec ampleur, et qui touche déjà au but.

L'opinion publique, nous y aidera, cette opinion publique que *« la grande puissance »*, la presse a déjà mise secrètement entre nos mains. A peu d'exceptions près, en effet, avec lesquelles il est inutile de compter, la presse est déjà toute entière sous notre dépendance.

En un mot, pour résumer notre système de coercition des gouvernements chrétiens de l'Europe, nous ferons voir à l'un notre force par des attentats, c'est-à-dire par la terreur ; à tous, si tous se révoltaient contre nous, nous répondrons par les canons américains, chinois ou japonais.

CHAPITRE VIII

SOMMAIRE : Usage équivoque du droit juridique. Les collaborateurs du régime franc-maçon. Ecoles particulières, éducation supérieure toute particulière. Économistes et millionnaires. A qui il faut confier les postes responsables dans le gouvernement.

Nous devons nous approprier tous les instruments que nos adversaires pourraient employer contre nous. Nous devrons trouver dans les subtilités et les finesses de la langue juridique une justification pour les cas où nous devrons prononcer des sentences qui pourront paraître par trop hardies et injustes, car il importe d'exprimer ces sentences en termes qui aient l'air d'être des maximes morales très élevées, tout en ayant un caractère légal.

Notre régime doit s'entourer de toutes les forces de la civilisation, au milieu desquelles il devra agir. Il s'entourera de publicistes, de jurisconsultes expérimentés, d'administrateurs, de diplomates, enfin d'hommes préparés par une éducation supérieure spéciale dans des écoles spéciales.

Ces hommes connaîtront tous les secrets de l'existence sociale, ils connaîtront tous les langages, formés de lettres et de mots politiques, ils auront connaissance de tous les dessous de la nature humaine, de toutes ses cordes sensibles, sur lesquelles ils devront savoir jouer. Ces cordes sont la tournure d'esprit des chrétiens, leurs tendances, leurs défauts, leurs vices et leurs qualités, leurs particularités de classes et de conditions.

Il est bien entendu que ces collaborateurs de génie de notre gouvernement ne seront pas pris parmi les chrétiens, qui sont habitués à faire leur travail administratif sans se soucier de son utilité. Les administrateurs des chrétiens signent les papiers sans les lire ; ils servent par intérêt ou par ambition.

Nous entourerons notre gouvernement de tout un monde d'économistes. Voilà pourquoi les sciences économiques sont les plus importantes à enseigner aux Juifs. Nous serons entourés de toute une pléiade de banquiers, d'industriels, de capitalistes et surtout de millionnaires, parce qu'en somme tout sera décidé par des chiffres.

Durant un certain temps, jusqu'au moment où il sera sans danger de confier les postes responsables de nos Etats à nos frères juifs, nous les confierons à des individus dont le passé et le caractère soient tels qu'il y ait un abîme entre eux et le peuple, à des hommes tels qu'en cas de désobéissance à nos ordres, il ne leur reste autre chose à attendre que la condamnation ou l'exil, afin qu'ils défendent nos intérêts jusqu'à leur dernier soupir.

CHAPITRE IX

En appliquant nos principes, faites attention au caractère du peuple, au milieu duquel vous vous trouverez et vous agirez ; une application générale, uniforme de ces principes avant que nous ayons refait l'éducation du peuple, ne peut avoir de succès. Mais, en les appliquant prudemment, vous verrez qu'il ne se passera pas dix ans, que le caractère le plus obstiné ne soit changé, et que nous ne comptions un peuple de plus dans votre dépendance.

Quand notre règne viendra, nous remplacerons notre mot d'ordre libéral — *«Liberté, Egalité, Fraternité»* — non par un autre mot d'ordre, mais par les mêmes mots ramenés à leur rang d'idées ; nous dirons *«le droit à la liberté, le devoir de l'égalité, l'idéal de la fraternité...»* Nous saisirons le taureau par les cornes... En fait, nous avons déjà détruit tous les gouvernements excepté le nôtre, quoiqu'il en existe encore beaucoup en droit.

De nos jours, si quelques Etats élèvent des protestations contre nous, c'est pour la forme et sur notre désir et notre ordre, car leur antisémitisme nous est nécessaire pour gouverner nos petits frères. Je ne vous expliquerai pas cela plus clairement, car ce sujet a déjà été traité plus d'une fois dans nos entretiens. En réalité il n'y a plus d'obstacles devant nous.

Notre Gouvernement Suprême est dans des conditions extralégales qu'il est convenu d'appeler d'un mot fort et énergique : la dictature. Je puis dire en conscience que nous sommes actuellement des législateurs ; nous rendons les sentences de la justice, nous condamnons à mort et nous faisons grâce, nous sommes comme le chef de toutes nos troupes, montés sur le cheval du général en chef. Nous gouvernerons d'une main ferme, parce que nous avons en mains les débris d'un parti autrefois fort, aujourd'hui soumis par nous. Nous tenons dans nos mains des ambitions démesurées, des avidités ardentes, des vengeances impitoyables, des haines rancunières.

C'est de nous que vient la terreur qui a tout envahi. Nous avons à notre service des hommes de toutes les opinions, de foules les doctrines ; des restaurateurs de monarchie, des démagogues, des socialistes, des communards et toutes sortes d'utopistes ; nous avons attelé tout le monde à la besogne : chacun d'eux sape de son côté les derniers débris du pouvoir, s'efforce de renverser tout ce qui tient encore debout. Tous les Etats souffrent de ces menées, ils demandent le calme, ils sont prêts à tout sacrifier pour la paix ; mais nous ne leur donnerons pas la paix tant qu'ils ne reconnaîtront pas notre Gouvernement Suprême ouvertement, humblement. Le peuple s'est mis à crier qu'il est nécessaire de résoudre la question sociale au moyen d'une entente internationale. La division du peuple en partis les a tous mis à notre disposition, car pour soutenir une lutte d'émulation, il faut de l'argent, et c'est nous qui avons tout l'argent.

Nous pourrions craindre l'alliance de la force intelligente des personnes régnantes avec la force aveugle du peuple, mais nous avons pris toutes les mesures possibles contre une telle éventualité : *entre ces deux forces nous avons élevé un mur, c'est-à-dire une terreur réciproque.* De la sorte la force aveugle du peuple reste notre appui et nous serons seuls à la guider ; nous saurons la diriger sûrement vers notre but. Afin que la main de l'aveugle ne puisse rejeter notre direction, nous devons de temps à autre être en communication directe avec lui, sinon personnellement, au moins par nos frères les plus fidèles.

Quand nous serons un pouvoir reconnu, nous causerons nous-mêmes avec le peuple sur les places publiques et nous l'instruirons des questions politiques, dans le sens qui nous sera nécessaire.

Comment vérifier ce qu'on lui enseigne dans les écoles de village ? Ce que dira l'envoyé du gouvernement ou la personne régnante elle-même, ne peut manquer d'être connu immédiatement dans tout l'État, car cela sera vite répandu par la voix du peuple. Pour ne pas détruire prématurément les institutions des chrétiens, nous y avons touché d'une main savante, nous avons pris dans nos mains les ressorts de leur mécanisme. Ces ressorts étaient disposés dans un ordre sévère, mais juste ; nous l'avons remplacé par un arbitraire désordonné.

Nous avons touché à la juridiction, aux élections, à la presse, à la liberté individuelle, et surtout à l'instruction et à l'éducation qui sont les pierres angulaires de l'existence libre. Nous avons mystifié, hébété et corrompu la jeunesse chrétienne par une éducation fondée sur des principes et des théories que nous savons faux, mais qui sont inspirés par nous. Par dessus les lois existantes, sans les changer essentiellement, mais en les défigurant seulement par des interprétations contradictoires, nous avons obtenus des résultats prodigieux. Ces résultats se sont d'abord manifesté en ce que les commentaires ont masqué les lois et qu'ils les ont ensuite complètement cachées aux yeux des gouvernements incapables de se reconnaître dans une législation si embrouillée.

De là la théorie du tribunal de la conscience. Vous dites qu'on se soulèvera contre nous les armes à la main, si l'on s'aperçoit trop tôt de quoi il s'agit, mais nous avons pour ce cas dans les pays d'Occident une manœuvre si terrible que les âmes les plus courageuses trembleront : les métropolitains seront d'ici là établis dans toutes les capitales, et nous les ferons sauter avec toutes les organisations et tous les documents des pays.

CHAPITRE X

Je commence aujourd'hui par répéter ce que j'ai déjà dit et je vous prie de vous rappeler que les gouvernements et les peuples ne voient que l'apparence des choses. Et comment en démêleraient-ils le sens intime quand leurs représentants songent avant tout à s'amuser ? Il importe beaucoup pour notre politique de connaître ce détail : il nous aidera quand nous passerons à la discussion de la division du pouvoir, de la liberté de la parole, de la presse, de la liberté de conscience, du droit d'association, de l'égalité devant la loi, de l'inviolabilité de la propriété, de l'habitation, de l'impôt, de la force rétrospective des lois. Toutes ces questions sont telles qu'il n'y faut jamais y toucher directement et ouvertement devant le peuple.

Dans les cas où il est nécessaire de les aborder, il ne faut pas les énumérer, mais déclarer en bloc que les principes du droit moderne sont reconnus par nous. L'importance de cette réticence consiste en ceci qu'un principe qui n'est pas nommé nous laisse la liberté d'en exclure ceci ou cela sans que l'on s'en aperçoive, tandis que si nous les énumérions, il faudrait les accepter sans réserve. Le peuple a un amour particulier et une grande estime pour les génies politiques et répond à tous leurs actes de violence par les mots :

> *« C'est canaille, c'est bien canaille, mais comme c'est habile !..., c'est un tour d'adresse, mais comme il est bien joué, comme c'est insolent !... ».*

Nous comptons attirer toutes les nations à la construction d'un nouvel édifice fondamental dont nous avons projeté le plan. Voilà pourquoi il nous faut avant tout faire provision de cette audace et de cette puissance d'esprit qui, dans la personne de nos acteurs, briseront tous les obstacles sur notre route. Quand nous aurons fait notre coup d'État, nous dirons aux peuples :

> *« Tout allait affreusement mal, tous ont souffert au delà de ce qu'on peut supporter. Nous détruisons les causes de vos tourments, les nationalités, les frontières, la diversité des monnaies. Sans doute vous êtes libres de nous jurer obéissance, mais pouvez-vous le faire avec justice, si vous le faites avant d'avoir éprouvé ce que nous vous donnons ? »...*

Alors ils nous exalteront et nous porteront en triomphe dans un enthousiasme unanime d'espérances. Le suffrage universel, dont nous avons fait l'instrument de notre avènement, et auquel nous avons accoutumé les unités les plus infimes qui fassent partie des membres de l'humanité par des réunions de groupes et d'ententes, jouera une dernière puis son rôle pour exprimer le désir unanime de l'humanité de nous connaître de plus près avant de juger. Pour cela il nous faut amener tout le monde au suffrage universel, sans distinction de classe et de sens électoral, afin d'établir l'absolutisme de la majorité que l'on ne peut obtenir des classes censitaires intelligentes.

Ayant habitué de la sorte tout le monde à l'idée de sa propre valeur, nous détruirons l'importance de la famille chrétienne et sa valeur éducatrice, nous ne laisserons pas se produire les individualités auxquels la foule, guidée par nous, ne permettra ni de se faire remarquer, ni même de parler : *elle est habituée à n'écouter que nous qui lui payons son obéissance et son attention.* Ainsi nous ferons du peuple une force si aveugle qu'il ne sera nulle part en état de se mouvoir sans être guidé par les agents que nous aurons à la place de ses chefs. Il se soumettra à ce régime, parce qu'il saura que de ces nouveaux chefs dépendront les gains, les dons gratuits et toutes sortes de biens.

Un plan de gouvernement doit sortir tout prêt d'une seule tête parce qu'il serait incohérent, si plusieurs esprits se partageaient la tâche de l'établir. C'est pourquoi nous pouvons connaître un plan d'action, mais nous ne devons pas le discuter, afin de ne pas briser son caractère génial, la liaison de ses parties, la force pratique et la signification secrète de chacun de ses points. Que le suffrage universel le discute et le remanie, il gardera la trace de toutes les fausses conceptions des esprits qui n'auront pas pénétré la profondeur et la liaison des desseins. Il faut que nos plans soient forts et bien conçus. C'est pourquoi nous ne devons pas jeter le travail génial de notre chef aux pieds de la foule, ni même le livrer à une société restreinte.

Ces plans ne renverseront pas pour le moment les institutions modernes. Ils changeront seulement leur économie et par conséquent, tout leur développement qui s'orientera ainsi selon nos projets. Les mêmes choses à peu près existent dans tous les pays sous différents noms : la Représentation, les Ministères, le Sénat, le Conseil d'État, le Corps Législatif et le Corps Exécutif. Je n'ai pas besoin de vous expliquer le mécanisme des rapports de ces institutions entre elles, car cela vous est bien connu ; remarquez seulement que chacune de ces institutions correspond à quelque fonction importante de l'État, et je vous prie de remarquer encore que c'est la fonction, et non l'institution que je nomme importante ; donc, ce ne sont pas les institutions qui sont importantes, mais leurs fonctions. Les institutions se sont partagé toutes les fonctions du gouvernement : fonctions administrative, législative, exécutive.

C'est pourquoi elles agissent dans l'organisme de l'État, comme les organes dans le corps humain. Si nous endommageons une partie de la machine de l'État, l'État tombera malade, comme le corps humain et mourra. Quand nous avons introduit dans l'organisme de l'État le poison du libéralisme, toute sa constitution politique a été changée ; les Etats sont tombés malades d'une maladie mortelle : *la décomposition du sang* ; il ne reste plus qu'attendre la fin de leur agonie.

Du libéralisme sont nés les gouvernements constitutionnels, qui ont remplacé pour les chrétiens l'Autocratie salutaire et la Constitution, comme vous le savez bien, n'est pas autre chose qu'une école de discordes, de mésintelligence, de discussions, de dissentiments, d'agitations stériles de partis ; en un mot, c'est l'école de tout ce qui fait perdre à un État son individualité et sa personnalité. La tribune aussi bien que la presse, a condamné les gouvernants à l'inaction et à la faiblesse ; elle les a rendus par là peu nécessaires, inutiles ; c'est ce qui explique qu'ils ont été renversés. L'ère républicaine est alors devenue possible, nous avons remplacé le gouvernant par une caricature du gouvernement, par un président, pris dans la foule, au milieu de nos créatures, de nos esclaves. Là était le fondement de la mine, creusée par nous sous le peuple des chrétiens, ou plutôt sous les peuples des chrétiens.

Dans un avenir prochain nous créerons la responsabilité des présidents. Alors nous ferons passer sans nous gêner les choses pour lesquelles notre créature impersonnelle répondra. Que nous importe si les rangs de ceux qui aspirent au pouvoir deviennent plus rares, s'il se produit, faute de présidents, des embarras capables de désorganiser complètement le pays ?... Pour atteindre ce résultat, nous machinerons l'élection de présidents qui ont dans leur passé une tare cachée, quelque « panama ». La crainte des révélations, le désir propre à chaque homme arrivé au pouvoir, de conserver ses privilèges, les avantages et les honneurs, attachés à sa condition en feront les fidèles exécuteurs de nos prescriptions.

La chambre des députés couvrira, défendra, élira les présidents, mais nous lui retirerons le droit de proposer des lois, de les changer ; ce droit sera attribué au président responsable, qui sera un jouet entre nos mains. Le pouvoir du gouvernement deviendra sans doute la cible de toutes les attaques. Nous lui donnerons pour se défendre le droit d'en appeler à la décision du peuple, sans passer par l'intermédiaire de ses représentants, c'est-à-dire de recourir à notre serviteur aveugle la majorité. Nous donnerons en outre au président le droit de déclarer la guerre. Nous motiverons ce dernier droit en disant que le président, comme le chef de toute l'armée du pays, doit l'avoir à sa disposition pour défendre la nouvelle constitution républicaine, dont il sera le représentant responsable. Dans ces conditions, le Chef du sanctuaire sera entre nos mains et personne, excepté nous, ne dirigera plus la force législative.

Nous retirerons de plus à la Chambre, en introduisant la nouvelle Constitution républicaine, le droit d'interpellation sous prétexte de sauvegarder le secret politique. Nous restreindrons par la nouvelle constitution le nombre des représentants au minimum, ce qui aura pour effet d'y diminuer d'autant les passions politiques et la passion pour la politique. Si, contre toute attente, elles s'éveillent même dans ce petit nombre de représentants, nous les réduirons à néant par un appel à la majorité du peuple...

Du président dépendra la nomination des présidents et des vice-présidents de la Chambre et du Sénat. Au lieu des sessions parlementaires constantes, nous bornerons les séances les Parlements à quelques mois. En outre, le président, comme Chef du pouvoir exécutif, aura le droit de convoquer ou de dissoudre le Parlement et, dans le ces de dissolution, d'ajourner le moment d'une nouvelle convocation. Mais pour que les conséquences de toutes ces actions, en réalité illégales, ne retombent pas sur la responsabilité, établie par nous, du président, ce qui nuirait à nos plans, nous suggérerons aux ministres et aux autres fonctionnaires qui entoureront le président l'idée de passer outre à ses dispositions par leurs propres mesures ; de la sorte, ils seront responsables à sa place...

Nous conseillons de confier ce rôle surtout au Sénat, au Conseil d'État, au Conseil des Ministres, plutôt qu'à un seul individu. Le président interprétera, sur notre désir, les lois existantes, que l'on peut interpréter différemment ; il les annulera, quand nous lui en montrerons la nécessité ; il aura le droit de proposer les lois provisoires et même un nouveau changement de la constitution, sous prétexte du bien suprême de l'État.

Ces mesures nous donnerons le moyen de détruire peu à peu, pas à pas, tout ce que, d'abord, lors de notre prise de pouvoir, nous aurons été forcés d'introduire dans les Constitutions des Etats ; nous passerons ainsi imperceptiblement à la suppression de toute constitution, quand le temps sera venu de grouper tous les gouvernements sous notre autocratie. La reconnaissance de notre autocratie peut arriver avant la suppression de la Constitution, si les peuples, fatigués par les désordres et la frivolité de leurs gouvernants s'écrient :

> *« Chassez-les et donnez-nous un roi universel qui puisse nous réunir et détruire les causes de nos discordes : les frontières des nations, les religions, les calculs des Etats ; un roi qui nous donne cette paix et ce repos, que nous ne pouvons obtenir avec nos gouvernants et nos représentants. »*

Vous savez très bien vous-mêmes que pour rendre possible de tels désirs, il faut troubler constamment, dans tous les pays, les rapports du peuple et du gouvernement, afin de fatiguer tout le monde par la désunion, l'inimitié, la haine et même par le martyre, la faim, l'inoculation des maladies, la misère, pour que les chrétiens ne voient pas d'autre salut que de recourir à notre souveraineté pleine et entière. Si nous donnons aux peuples le temps de respirer, le moment favorable n'arrivera peut-être jamais.

CHAPITRE XI

Le Conseil d'État sera là pour souligner le pouvoir du gouvernement : sous l'apparence d'un corps législatif, il sera en réalité un comité de rédaction des lois et des décrets du gouvernant. Voici donc le programme de la nouvelle constitution que nous préparons. Nous créerons la loi, le droit et le tribunal :

1) sous forme de propositions au corps législatif ;

2) par des décrets du président sous forme d'ordres généraux, par des actes du Sénat et par des décisions du Conseil d'État, sous forme d'ordres ministériels ;

3) au cas où cela serait jugé opportun, sous forme de coup d'État.

Maintenant que nous avons approximativement établi ce *modus agendi*, occupons-nous du détail des mesures qui nous servirons à achever la transformation de l'État dans le sens que nous avons dit. J'entends parler de la liberté de la presse, du droit d'association, de la liberté de conscience, du principe électif, et de beaucoup d'autres choses qui devront disparaître du répertoire humain ou être radicalement changées dès que la nouvelle constitution aura été proclamée. C'est seulement à ce moment qu'il nous sera possible de publier tous nos ordres à la fois. Dans la suite tout changement sensible sera dangereux et voici pourquoi : si ce changement s'opère dans le sens de sévérité rigoureuse, il peut amener un désespoir provoqué par la crainte de nouveaux changements dans le même sens ; si au contraire il s'opère dans le sens de complaisances ultérieures, on dira que nous avons reconnu nos torts, et cela affaiblira l'auréole d'infaillibilité du nouveau pouvoir ou bien l'on dira que nous avons eu peur et que nous sommes obligés de faire des concessions, pour lesquelles personne ne nous remerciera, car on les croira dues... L'un et l'autre nuiraient au prestige de la nouvelle constitution. Nous voulons que du jour de sa proclamation, quand les peuples seront stupéfaits du coup d'État qui vient de s'opérer, quand ils seront encore dans la terreur et dans la perplexité, nous voulons qu'à ce moment-là ils reconnaissent que nous sommes si forts, si invulnérables, si puissants que nous ne compterons en aucun cas avec eux ; que non seulement nous ne ferons pas attention à leurs opinions et à leurs désirs, mais que nous sommes prêts et en mesure, avec une autorité indiscutable de réprimer toute expression, toute manifestation de ces désirs et de ces opinions j que nous sommes emparés d'un seul coup de tout ce qui nous était nécessaire, et que nous ne partagerons en aucun cas notre pouvoir avec eux... Alors ils fermeront les yeux et attendront les événements.

Les chrétiens sont un troupeau de moutons, et nous sommes pour eux des loups. Et vous savez ce qui arrive aux moutons quand les loups pénètrent dons la bergerie ? Ils fermeront encore les yeux sur tout parce que nous leur promettrons de leur rendre toutes les libertés enlevées quand les ennemis de la paix seront apaisés et les partis réduits à l'impuissance. Inutile de dire qu'ils attendront longtemps ce retour vers le passé..... Pourquoi aurions-nous inventé et inspiré aux chrétiens toute cette politique, sans leur donner les moyens de la pénétrer, pourquoi, si ce n'est pour atteindre secrètement ce que notre race dispersée ne pouvait atteindre directement ?

Cela a servi de base à notre organisation de la franc-maçonnerie secrète que l'on ne connaît pas, et dont les desseins ne sont pas même soupçonnés des brutes chrétiennes, attirées par nous dans l'armée visible des loges, pour détourner les regards de leurs frères. Dieu nous a donné, à nous son peuple élu, la dispersion, et dans cette faiblesse de notre race, s'est trouvée notre force qui nous a amenés aujourd'hui au seuil de la domination universelle. Il nous reste peu de chose à édifier sur ces fondations.

CHAPITRE XII

SOMMAIRE : Interprétation maçonnique du mot « liberté ». Avenir de la presse dans le royaume des francs-maçons. Le contrôle de la presse. Les agences des correspondants. Qu'est-ce que le progrès pour les francs-maçons ? La solidarité des francs-maçons dans la presse moderne. Excitation des exigences « sociales » provinciales. Infaillibilité du nouveau régime.

Le mot « liberté » que l'on peut interpréter de différentes manières, nous le définirons ainsi :

La liberté est le droit de faire ce que permet la loi. Une telle interprétation de ce mot dans ce temps-là fera que toute la liberté sera entre nos mains, parce que les lois détruiront ou créeront ce qui nous sera agréable suivant le programme exposé plus haut.

Avec la presse nous agirons de la manière suivante. Quel rôle joue maintenant la presse ? Elle sert à embraser les passions ou à entretenir les égoïsmes des partis. Elle est vaine, injuste, mensongère, et la plupart des hommes ne comprennent pas du tout à quoi elle sert. Nous la sellerons et nous lui mettrons de fortes rênes, nous ferons de même pour les autres ouvrages imprimés, car à quoi nous servirait-il de nous débarrasser de la presse si nous devions servir de cible à la brochure et au livre ? Nous transformerons la publicité qui nous coûte cher aujourd'hui parce que c'est elle qui nous permet de censurer les journaux, en un objet de revenu pour notre État. Nous créerons un impôt spécial pour la presse. Nous exigerons une caution lorsque se fonderont des journaux ou des imprimeries. Ainsi sera garanti notre gouvernement de toute attaque du côté de la presse. A l'occasion nous mettrons sans merci à l'amende. Timbres, cautions et amendes, donneront un énorme revenu à l'État. Il est vrai que les journaux de partis pourraient être au-dessus des pertes d'argent. Nous les supprimerons dès la seconde attaque. Personne ne touchera impunément à l'auréole de notre infaillibilité gouvernementale. Le prétexte pour supprimer un journal sera que l'organe en question agite les esprits sans motif et sans raison. Je vous prie de remarquer que parmi ceux qui nous attaqueront il y aura des organes créés par nous, mais ils attaqueront exclusivement des points, dont nous souhaiterons le changement. Rien ne sera notifié à la société sans noire contrôle. Ce résultat est déjà atteint de nos jours par le fait que toutes les nouvelles sont reçues par plusieurs agences, qui les centralisent de toutes les parties du monde. Ces agences seront alors entièrement nos institutions et ne publieront que ce que nous leur prescrirons.

Si maintenant déjà nous avons su nous emparer des esprits des sociétés chrétiennes à tel point que presque tous regardent les événements mondiaux à travers les verres de couleur des lunettes que nous leur mettons sur les yeux, si déjà maintenant il n'y a dans aucun État de verrous qui nous interdisent l'accès de ce que les chrétiens appellent sottement les secrets de l'État, que sera-ce quand, nous serons les maîtres reconnus de l'univers dans la personne de notre roi universel ?... Quiconque voudra être éditeur, bibliothécaire ou imprimeur, sera obligé d'obtenir un diplôme, qui, au cas où son possesseur se rendrait coupable d'un méfait quelconque, serait immédiatement repris. Avec de telles mesures l'instrument de la pensée deviendra un moyen d'éducation entre les mains de notre gouvernement, qui ne permettra plus aux masses populaires de divaguer sur les bienfaits du progrès. Lequel d'entre nous ne sait pas que ces bienfaits illusoires mènent directement à des rêves absurdes ? De ces rêves sont nés les rapports anarchiques des hommes entre eux et avec le pouvoir, parce que le progrès ou plutôt l'idée du progrès a donné l'idée de toutes sortes d'émancipations, sans fixer leurs limites... Tous ceux que nous appelons libéraux sont des anarchistes sinon de fait, tout au moins de pensée. Chacun d'eux poursuit les illusions de la liberté et tombe dans l'anarchie en protestant pour le simple plaisir de protester...

Revenons à la presse. Nous la frapperons comme tout ce qui s'imprime, d'impôts en timbre à tant par feuille, et de nantissements ; les livres ayant moins de 30 feuilles seront imposés doublement. Nous les enregistrerons dans la catégorie des brochures d'une part afin de réduire le nombre des revues, qui sont le pire des poisons, d'autre part parce que cette mesure obligera les écrivains à produire de si longs ouvrages qu'on les lira peu, surtout à cause de leur cherté. Au contraire, ce que nous éditerons nous-mêmes pour le bien des esprits dans la tendance que nous aurons établie, sera bon marché et lu par tout le monde. L'impôt fera taire le vain désir d'écrire, et la crainte du châtiment mettra les littérateurs sous notre dépendance. S'il se trouve des personnes désirant écrire contre nous, il ne se trouvera personne pour les imprimer. Avant d'accepter un ouvrage pour l'imprimer, l'éditeur ou l'imprimeur devra aller chez les autorités pour obtenir l'autorisation de le faire. De la sorte nous connaîtrons d'avance les pièges qu'on nous tend et nous les détruirons en donnant des explications à l'avance sur le sujet traité. La littérature et le journalisme sont les deux forces éducatrices les plus importantes, c'est pourquoi notre gouvernement sera le propriétaire de la plupart des journaux. Par là l'influence nuisible de la presse privée sera neutralisée et nous acquerrons une influence énorme sur les esprits. Si nous autorisons dix journaux, nous en fonderons trente et ainsi de suite. Le public ne s'en doutera pas. Tous les journaux édités par nous seront en apparence des tendances et des opinions les plus opposées, ce qui éveillera la confiance en eux et attirera à eux nos adversaires sans méfiance ; ils tomberont dans le piège et seront inoffensifs.

Les organes d'un caractère officiel seront au premier plan. Ils veilleront toujours sur nos intérêts, c'est pourquoi leur influence sera presque nulle. Au second plan seront les officieux, dont le rôle sera d'attirer les indifférents et les tièdes. Au troisième plan nous mettrons notre prétendue opposition. Un organe au moins sera à l'antipode de nos idées.

Nos adversaires prendront ce faux opposant pour un allié et nous montreront leur jeu. Nos journaux seront de toutes les tendances : les uns aristocratiques, les autres républicains, révolutionnaires ou même anarchistes, tant que vivra la constitution, bien entendu. Ils auront, comme le dieu hindou Vishnu, cent mains dont chacune accélérera le changement de la société ; ces mains conduiront l'opinion dans la direction qui conviendra à notre but, car un homme trop agité perd la faculté de raisonner et s'abandonne facilement à la suggestion. Les imbéciles qui croiront répéter l'opinion du journal de leur parti, répéteront notre opinion ou celle qui nous plaira. Ils s'imagineront qu'ils suivent l'organe de leur parti et ils suivront en réalité le drapeau que nous arborerons pour eux. Pour diriger dans ce sens notre armée de journalistes nous devrons organiser cette œuvre avec un soin tout particulier.

Sous le nom de bureau central de la presse nous organiserons des réunions littéraires, dans lesquelles nos agents donneront, sans que l'on s'en aperçoive le mot d'ordre et les signaux. Discutant et contredisant notre initiative d'une manière superficielle, sans aller au fond des choses, nos organes auront une vaine polémique avec les journaux officiels pour nous donner les moyens de nous prononcer plus clairement que nous ne pourrions le faire dans nos premières déclarations officielles. Ces attaques joueront encore ce rôle que nos sujets se croiront sûrs de pouvoir parler librement ; cela donnera d'autre pari à nos agents an motif de dire et d'affirmer que les organes qui se déclarent contre nous ne font que bavarder, puisqu'ils ne peuvent trouver de véritables raisons pour réfuter sérieusement nos mesures.

Ces procédés inaperçus de l'opinion publique, mais sûrs, nous attireront certainement l'attention et la confiance publique. Grâce à eux nous exciterons et nous calmerons autant qu'il le faudra les esprits dans les questions politiques, nous les persuaderons ou nous les dérouterons, imprimant tantôt la vérité, tantôt le mensonge, confirmant les faits ou les contestant, selon l'impression qu'ils font sur le public, en tâtant toujours prudemment le terrain, avant d'y mettre le pied...

Nous vaincrons nos adversaires infailliblement parce qu'ils n'auront pas à leur disposition d'organes où ils puissent se prononcer jusqu'au bout, par suite des mesures que nous avons dites. Nous n'aurons pas même besoin de les réfuter à fond... Nous réfuterons énergiquement dans nos officieux les ballons d'essais lancés par nous dans la troisième catégorie de notre presse, en cas de besoin. Déjà maintenant, dans les formes du journalisme français tout au moins, il existe une solidarité franc-maçonnique.

Tous les organes de la presse sont liés entre eux par le secret professionnel ; semblables aux anciens augures, aucun de ses membres ne livrera le secret de ses renseignements, s'il n'en reçoit l'ordre. Aucun journaliste ne se décidera à trahir ce secret, car aucun d'eux ne sera admis dans la littérature s'il n'a une tâche honteuse dans son passé : ces taches seraient immédiatement révélées. Tant que ces taches sont le secret de quelques-uns, l'auréole du journaliste attire l'opinion de la majorité du pays, et on le suit avec enthousiasme. Nos calculs s'étendent surtout sur la province. Il est nécessaire que nous y excitions des espérances et des aspirations opposées à celles de la capitale, à qui nous les donnerons pour les espérances et les aspirations spontanées des provinces.

Il est clair que la source en sera toujours la même ; elle partira de nous. Tant que nous ne jouirons pas encore d'un pouvoir complet nous aurons parfois besoin que les capitales soient enveloppées des opinions du peuple, c'est-à-dire de la majorité, manœuvrée par nos agents. Il nous faut que les capitales, au moment psychologique, ne discutent pas le fait arrivé, par cela seul qu'il sera déjà accepté par la majorité provinciale.

Quand nous entrerons dans le nouveau régime, qui préparera notre règne, nous ne pourrons admettre la révélation par la presse de la malhonnêteté publique ; il faudra que l'on croie que le nouveau régime a si bien satisfait tout le monde, que les crimes même ont disparu... Les cas de manifestation de la criminalité ne devront être connus que de leurs victimes et de leurs témoins accidentels.

CHAPITRE XIII

SOMMAIRE : Le besoin du pain quotidien. Les questions politiques. Les questions Industrielles. Les divertissements. Les maisons du peuple. La vérité est une. Les grands problèmes.

Le besoin du pain quotidien fait taire les chrétiens et en fait nos humbles serviteurs. Les agents pris parmi eux pour notre presse discuteront sur notre ordre ce qu'il nous sera peu commode de faire imprimer directement dans des documents officiels, et nous-mêmes pendant ce temps, profitant du bruit provoqué par ces discussions, nous prendrons les mesures qui nous sembleront utiles et nous les présenterons au public, comme un fait accompli. Personne n'aura l'audace de réclamer l'annulation de ce qui aura été décidé, d'autant plus qu'on le présentera comme un progrès. La presse d'ailleurs attirera aussitôt l'attention sur de nouvelles questions (*nous avons, comme vous le savez, habitué les hommes à chercher toujours du nouveau*).

Quelques imbéciles, se croyant les instruments du sort, se jetteront sur ces nouvelles questions, sans comprendre qu'ils n'entendent rien à ce qu'ils veulent discuter. Les questions de la politique ne sont accessibles à personne, excepté à ceux qui l'ont créée, il y a déjà bien des siècles, et qui la dirigent.

Par tout ceci vous verrez qu'en recherchant l'opinion de la foule, nous ne faisons que faciliter l'accomplissement de nos desseins, et vous pouvez remarquer que nous semblons rechercher l'approbation non de nos actes, mais de nos paroles prononcées en telle ou telle occasion. Nous proclamons constamment que dans toutes nos mesures nous prenons pour guide l'espoir uni à la certitude d'être utiles au bien de tous.

Pour détourner les hommes trop inquiets des questions

politiques, nous mettrons en avant des questions prétendues nouvelles, les questions industrielles. Qu'ils exhalent leur furie sur ce sujet. Les masses consentiront à rester inactives, à se reposer de leur prétendue activité politique (*à laquelle nous les avons habitués nous-mêmes pour lutter par leur intermédiaire avec les gouvernements des chrétiens*), à condition d'avoir de nouvelles occupations ; nous leur y indiquerons à peu près la même direction politique.

Afin qu'elles n'arrivent à rien par la réflexion, nous les détournerons de la pensée par des divertissements, par des jeux, par des amusements, par des passions, par des maisons du peuple... Bientôt nous proposerons par la presse des concours en art, en sport de toutes sortes : ces intérêts détourneront définitivement les esprits des questions où il nous faudrait lutter avec eux. Les hommes, se déshabituant de plus en plus à penser par eux-mêmes, finiront par parler à l'unisson de nos idées, parce que nous serons les seuls qui proposerons de nouvelles directions à la pensée... par l'intermédiaire de telles personnes dont, bien entendu, on ne nous croira pas solidaires.

Le rôle des utopistes libéraux sera définitivement fini, quand notre régime sera reconnu. Jusque-là ils nous rendront un bon service. C'est pourquoi nous pousserons encore les esprits à inventer toutes sortes de théories fantastiques, nouvelles et soi-disant progressistes ; car nous avons tourné la tête à ces imbéciles de chrétiens avec un plein succès au moyen de ce mot progrès, et il n'y a pas un seul esprit parmi eux qui voie que sous ce mot se cache une erreur dans tous les cas où il n'est pas question d'inventions matérielles, puisque la vérité est une et ne saurait progresser.

Le progrès, comme une idée fausse, sert à obscurcir la vérité, afin que personne ne la connaisse, excepté nous, les élus de Dieu, ses gardiens. Quand notre règne sera venu, nos orateurs raisonneront sur les grands problèmes qui ont ému l'humanité pour l'amener enfin à notre régime salutaire. Qui se doutera alors que tous ces problèmes avaient été inventés par nous suivant un plan politique que personne n'a deviné pendant de longs siècles ?

CHAPITRE XIV

SOMMAIRE : La Religion de l'avenir. Le servage futur.
Impossibilité de connaître les mystères de la
Religion de l'avenir. La pornographie et l'avenir
de la parole imprimée.

Quand notre règne sera venu, nous ne reconnaîtrons l'existence d'aucune autre religion que celle de notre dieu unique, avec lequel notre destin est lié parce que nous sommes le Peuple choisi et par lequel ce même destin est uni aux destinées du monde. C'est pourquoi nous devons détruire toutes les croyances. Si cela fait naître les athées contemporains, ce degré transitoire ne gênera pas nos vues, mais servira d'exemple aux générations, qui entendront nos prédications sur la religion de Moïse, dont le système stoïque et bien conçu aura abouti à la conquête de tous les peuples. Nous ferons voir en cela sa vérité mystique, où, dirons-nous, repose toute sa force éducatrice. Alors nous publierons en toute occasion des articles où nous comparerons notre régime salutaire avec ceux du passé.

Les avantages d'un repos obtenu par des siècles d'agitations, feront ressortir le caractère bienfaisant de notre domination. Les erreurs des administrations des chrétiens seront dépeintes par nous sous les plus vives couleurs. Nous exciterons une telle répugnance pour elles, que les peuples préféreront le repos du servage aux droits de la fameuse liberté qui les a tellement tourmentés, qui leur a ôté leurs moyens d'existence, qui les a fait exploiter par une troupe d'aventuriers ne sachant pas ce qu'ils faisaient...

Les changements inutiles de gouvernements auxquels nous poussions les chrétiens quand nous sapions leurs édifices gouvernementaux, auront tellement lassé les peuples à cette époque qu'ils préféreront tout supporter de nous, au risque de nouvelles agitations. Nous soulignerons tout particulièrement les fautes historiques des gouvernements chrétiens, qui faute du bien véritable ont tourmenté pendant tant de siècles l'humanité, à la poursuite d'illusoires biens sociaux ; sans s'apercevoir que leurs projets ne faisaient qu'aggraver, au lieu de les améliorer, les relations générales, de la vie humaine...

Nos philosophes discuteront tous les défauts des croyances chrétiennes, mais personne ne discutera jamais notre religion à son vrai point de vue, parce que personne ne la connaîtra à fond si ce n'est les nôtres, qui n'oseront jamais trahir ses secrets...

Dans les pays qu'on appelle avancés nous avons créé une littérature folle, sale, abominable. Nous la stimulerons encore quelque temps après notre arrivée au pouvoir, afin de souligner le contraste de nos discours, de nos programmes avec ces turpitudes...

Nos Sages, élevés pour diriger les chrétiens, composeront des discours, des projets, des mémoires, des articles, qui nous donneront l'influence sur les esprits et nous permettront de les diriger vers les idées et les connaissances que nous voudrons leur imposer.

CHAPITRE XV

SOMMAIRE : Coup d'état mondial d'un jour. Les condamnations à mort. Le sort futur des francs-maçons chrétiens. Le caractère mystique du pouvoir. Multiplication des loges maçonniques. L'administration centrale des sages. L'affaire Azeff. La franc-maçonnerie est le guide de toutes les sociétés secrètes. Importance du succès public. Le collectivisme. Les victimes. Les condamnations à mort de francs-maçons. Chute du prestige des lois et de l'autorité. La pré-élection. Brièveté et clarté des lois du règne futur. Obéissance à l'autorité. Mesures contre l'abus du pouvoir. Cruauté des châtiments. Limite d'âge pour les Juges. Le libéralisme des juges et du pouvoir. L'argent mondial. L'absolutisme de la franc-maçonnerie. Droit de cassation. «L'aspect» patriarcal du futur «gouvernement». Déification du gouvernement. Le droit du plus fort comme droit unique. Le roi d'Israël est le patriarche du monde.

Quand nous commencerons enfin à régner, à l'aide de coups d'État préparés partout pour le même jour, après l'aveu définitif de nullité de tous les gouvernements existants, (*et il se passera encore beaucoup de temps jusque-là, un siècle peut-être*), nous tâcherons qu'il n'y ait pas de complots contre nous.

Dans ce dessein, nous condamnerons à mort tous ceux qui accueilleront notre avènement les armes à la main. Toute nouvelle création d'une société secrète quelconque sera aussi punie de mort. Celles qui existent de nos jours, qui nous sont connues, qui nous ont servi, et qui nous servent encore, seront abolies et envoyées dans les continents éloignés de l'Europe.

C'est ainsi que nous agirons avec les francs-maçons chrétiens, qui en savent trop ; ceux que nous épargnerons pour une raison quelconque seront dans une terreur perpétuelle de l'exil. Nous publierons une loi d'après laquelle tous les anciens membres — des sociétés secrètes — devront quitter l'Europe, centre de notre gouvernement. Les décisions de notre gouvernement seront définitives et sans appel.

Dans les sociétés chrétiennes, dans lesquelles nous avons semé de si profondes racines de dissentiment et de protestantisme, on ne peut rétablir l'ordre que par des mesures impitoyables, témoignant d'un pouvoir inflexible : *inutile de faire attention aux victimes qui tombent en vue du bien futur.*

Le devoir de tout gouvernement qui reconnaît qu'il existe, n'est pas seulement de jouir de ses privilèges, mais d'exercer ses devoirs, et d'atteindre le bien, fût-ce au prix des plus grands sacrifices. Pour qu'un gouvernement soit inébranlable il faut renforcer l'auréole de sa puissance, et cette auréole ne s'obtient que par une inflexibilité majestueuse du pouvoir, qui doit porter les signes d'une inviolabilité mystique, de l'élection de Dieu.

Telle était jusqu'à ces derniers temps l'Aristocratie russe — notre seul ennemi sérieux dans le monde entier, avec la Papauté. Rappelez-vous l'exemple de l'Italie inondée de sang, ne touchant pas à un cheveu de la tête de Sylla qui a répandu ce sang : *Sylla était déifié par sa puissance aux yeux du peuple, martyrisé par lui, et son retour courageux en Italie le rendait inviolable.* Le peuple ne touche pas à celui qui l'hypnotise par son courage et sa force d'âme.

Mais en attendant notre avènement nous créerons et multiplierons au contraire les loges maçonniques dans tous les pays du monde ; nous y attirerons tous ceux qui sont ou qui peuvent être des agents éminents. Ces loges formeront notre principal bureau de renseignements et le moyen le plus influent (de notre activité).

Nous centraliserons toutes ces loges en une administration connue de nous seuls, composée de nos Sages. Les loges auront leur représentant, derrière lequel sera cachée l'administration dont nous parlons, et c'est ce représentant qui donnera le mot d'ordre et le programme. Nous formerons dans ces loges le noyau de tous les éléments révolutionnaires et libéraux. Leur composition appartiendra à toutes les couches de la société. Les projets politiques les plus secrets nous seront connus et tomberont sous notre direction dès le jour de leur apparition.

Au nombre des membres de ces loges seront presque tous les agents de la police nationale et internationale, comme dans l'affaire d'Azeff, parce que leur service est irremplaçable pour nous, attendu que la police peut non seulement prendre des mesures contre les récalcitrants, mais aussi couvrir nos actes, créer des prétextes de mécontentements, etc. Ceux qui entrent dans les sociétés secrètes sont ordinairement des ambitieux, des aventuriers et en général des hommes, légers pour la plupart, avec lesquels nous n'aurons pas de peine à nous entendre pour accomplir nos projets.

Si des désordres se produisent, cela signifiera que nous avons eu besoin de le troubler pour détruire une solidarité trop grande. S'il s'élève un complot dans son sein, le Chef de ce complot ne sera personne d'autre que l'un de nos plus fidèles serviteurs. Il est naturel que ce soit nous, et personne d'autre, qui menions les affaires de la franc-maçonnerie, car nous savons où nous menons, nous connaissons le but final de toute action, tandis que les chrétiens ne savent rien, pas même le résultat immédiat : i*ls se contentent ordinairement d'un succès momentané d'amour-propre dans l'exécution de leur plan, sans même remarquer que ce plan ne relève pas de leur initiative, mais qu'il leur a été suggéré par nous.*

Les chrétiens vont dans les loges par curiosité ou dans l'espoir de goûter au gâteau public par leur aide, quelques-uns même pour avoir la possibilité d'exprimer devant le public leurs rêves irréalisables qui ne reposent sur rien : ils ont soif de l'émotion du succès et des applaudissements, dont nous ne sommes jamais avares. Nous leur donnons ce succès pour profiter du contentement de soi-même qui en résulte, grâce auquel les hommes acceptent nos suggestions sans y prendre garde, étant pleinement persuadés qu'ils expriment dans leur infaillibilité leurs idées et qu'ils sont incapables de s'approprier celles des autres...

Vous ne pouvez vous figurer comme on peut amener les plus intelligents des chrétiens à une naïveté inconsciente, à condition de les rendre contents d'eux-mêmes, et en même temps comme il est facile de les décourager par le plus petit insuccès, ne fût-ce qu'en arrêtant les applaudissements, et de les amener à une obéissance servile afin d'obtenir un nouveau succès..... Autant les nôtres dédaignent le succès, pourvu qu'ils fassent aboutir leurs projets, autant les chrétiens sont prêts à sacrifier tous leurs projets, pourvu qu'ils aient du succès. Cette psychologie nous facilite considérablement la tâche de les diriger.

Ces tigres en apparence ont des âmes de moutons, et leurs têtes sont complètement vides. Nous leur avons donné comme marotte le rêve de l'absorption de l'individualité humaine par l'unité symbolique du collectivisme. Ils n'ont pas encore démêlé et ne démêleront pas de sitôt que cette marotte est une violation évidente de la plus importante des lois de la nature, qui a créé depuis le premier jour de la création chaque être différent des autres, précisément pour qu'il affirme son individualité. Que nous ayons pu les amener à ce fol aveuglement, cela ne prouve-t-il pas avec une clarté frappante à quel point leur esprit est peu développé en comparaison du nôtre ? Cette circonstance est la principale garantie de notre succès.

Combien nos anciens sages furent clairvoyants en disant que pour atteindre un but, il ne faut pas s'arrêter devant les moyens et compter le nombre des victimes sacrifiées ! Nous n'avons pas compté les victimes des brutes chrétiennes, et quoique nous ayons sacrifié beaucoup des nôtres, nous avons donné sur cette terre, à notre peuple un pouvoir qu'il n'aurait jamais osé rêver. Les victimes relativement peu nombreuses des nôtres l'ont préservé de sa perte. La mort est la fin inévitable de chacun. Il vaut mieux accélérer la fin de ceux qui mettent obstacle à notre œuvre que la nôtre à nous qui avons créé cette œuvre.

Nous mettons à mort les francs-maçons de façon que personne, excepté leurs frères ne peut s'en douter, pas même les victimes de notre condamnation ; ils meurent tous, quand cela est nécessaire, comme d'une maladie normale...

Sachant cela, la confrérie elle-même n'ose pas protester. Ces mesures ont extirpé du sein de la franc-maçonnerie tout germe de protestation. Tout en prêchant aux chrétiens le libéralisme, nous tenons notre peuple et nos agents dans une obéissance complète. Par notre influence, l'exécution des lois des chrétiens est réduite au minimum. Le prestige des lois est sapé par les interprétations libérales que nous y avons introduites.

Dans les causes et les questions de politique et de principe, les tribunaux décident, comme nous le leur prescrivons, voient les choses sous le jour sous lequel nous les leur présentons. Nous nous servons pour cela de l'intermédiaire de personnes avec lesquelles on croit que nous n'avons rien de commun, de l'opinion des journaux, d'autres moyens encore. Les sénateurs eux-mêmes et l'administration supérieure accepte aveuglément nos conseils. L'esprit purement animal des chrétiens n'est pas capable d'analyse et d'observation, encore moins de prévoir à quoi peut aboutir une certaine manière de présenter la question. C'est dans cette différence d'aptitude à penser entre les chrétiens et nous qu'on peut voir clairement le sceau de notre élection et la marque de notre humanité. L'esprit des chrétiens est instinctif, animal. Ils voient mais ne prévoient pas et n'inventent pas (excepté les choses matérielles).

On voit par là clairement que la nature elle-même nous a destinés à diriger et à gouverner le monde. Quand le temps sera venu pour nous de gouverner ouvertement, et de montrer les bienfaits de notre gouvernement, nous referons toutes les législations : *« nos lois seront brèves, claires, inébranlables, sans commentaire »*, si bien que chacun pourra bien les connaître. Le trait prédominant de ces lois, ce sera l'obéissance aux autorités, poussé à un degré grandiose. Alors tous les abus disparaîtront par suite de la responsabilité de tous jusqu'au dernier devant l'autorité supérieure du représentant du pouvoir.

Les abus de pouvoir des fonctionnaires inférieurs seront punis si sévèrement que chacun perdra l'envie de faire l'essai de ses forces. Nous suivrons d'un œil inflexible chaque acte de l'administration, d'où dépend la marche de la machine gouvernementale, car la licence dans l'administration produit la licence universelle : tout cas d'illégalité ou d'abus sera puni d'une manière exemplaire. Le recel, la complicité solidaire parmi les fonctionnaires de l'administration, disparaîtront après les premiers exemples d'un châtiment rigoureux.

L'auréole de notre pouvoir demande des châtiments efficaces, c'est-à-dire cruels pour la moindre infraction aux lois, parce que toute infraction atteint le prestige supérieur de l'autorité. Le condamné, serait-il trop sévèrement puni de sa faute, sera comme un soldat, tombé sur le champ de bataille administratif pour l'autorité, les Principes et la Loi, qui n'admettent pas que l'intérêt privé l'emporte sur la fonction publique, même de la part de ceux qui dirigent le char de la société.

Nos juges sauront qu'en voulant se vanter d'une sotte miséricorde, ils violent la loi de la justice, qui a été instituée pour édifier les hommes en châtiant les fautes, et non pour que le juge montre sa bonté d'âme. Il est permis dé faire preuve de ces qualités dans la vie privée, non sur le terrain public, qui est comme la base de l'éducation de la vie humaine. Notre personnel judiciaire ne servira pas au delà de cinquante-cinq ans d'abord parce que les vieillards tiennent avec plus d'obstination à leurs opinions préconçues et sont moins aptes à obéir aux nouvelles ordonnances, en second lieu parce que cela nous permettra plus facilement de renouveler le personnel, qui nous sera ainsi mieux soumis : *celui qui voudra conserver son poste devra obéir aveuglément pour mériter cette faveur.* En général nos juges seront choisis par nous parmi ceux-là seulement qui sauront bien que leur rôle est de châtier et d'appliquer les lois, non de faire du libéralisme, au détriment de l'État, comme se l'imaginent actuellement les chrétiens.

Les mutations serviront encore à entamer la solidarité collective des collègues et les attachera tous aux intérêts du gouvernement, dont dépendra leur sort. La nouvelle génération des juges sera élevée de telle sorte qu'elle considérera comme inadmissibles les abus qui pourraient porter atteinte à l'ordre établi dans les rapports de nos sujets entre eux. De nos jours les juges chrétiens, n'ayant pas une juste idée de leur destination, montrent de l'indulgence pour tous les crimes, parce que les gouvernants actuels, en nommant les juges à leur office, ne prennent pas soin de leur inspirer le sentiment du devoir et la conscience de l'œuvre qu'on exige d'eux.

De même que l'animal envoie ses petits à la recherche d'une proie, de même les chrétiens donnent à leurs sujets des places donnant un bon revenu, sans songer à leur expliquer pourquoi cette place est faite. C'est pourquoi leurs gouvernements se détruisent par leurs propres forces, par les actes de leur propre administration. Tirons donc des résultats de ces actes une leçon de plus pour notre régime. Nous expulserons le libéralisme de tous les postes importants de notre administration, d'où dépendra l'éducation des subordonnés en vue de notre ordre social. Seront admis à ces postes ceux-là seulement que nous aurons élevés par nous pour le gouvernement administratif, on peut nous faire observer que le renvoi des anciens fonctionnaires coûtera cher au Trésor.

Nous répondrons d'abord qu'on leur trouvera au préalable un service privé pour remplacer celui qu'ils perdent ; en second lieu que tout l'argent du monde étant concentré entre nos mains, notre gouvernement n'a pas à craindre les dépenses excessives. Notre absolutisme sera conséquent eu tout. C'est pourquoi notre grande volonté sera respectée et accomplie sans contestation chaque fois que nous commanderons. Elle ne tiendra compte d'aucun murmure, d'aucun mécontentement ; elle arrêtera toute révolte par un châtiment exemplaire.

Nous abolirons le droit de cassation, dont nous disposerons seuls, nous les gouvernants, car nous ne devons pas laisser naître dans le peuple l'idée qu'une décision injuste ait pu être rendue par des juges nommés par nous. Si quelque chose de semblable arrive, nous casserons nous-mêmes la sentence, mais avec un châtiment si exemplaire du juge pour n'avoir pas compris son devoir et sa destination que ces cas ne se répéteront pas. Je répète encore une fois que nous connaîtrons chaque pas de notre administration, qu'il suffit de surveiller pour que le peuple soit content de nous, car il est en droit d'exiger d'un bon gouvernement un bon fonctionnaire.

Notre gouvernement aura l'air d'une tutelle patriarcale, paternelle de la part de notre gouvernant. Notre peuple et nos sujets verront en lui un père, qui se soucie de tous les besoins, de toutes les actions, de tous les rapports réciproques des sujets entre eux ainsi que de leurs relations avec le gouvernant. Alors ils se pénétreront tellement de la pensée qu'il leur est impossible de se passer de cette tutelle et de cette direction, s'ils veulent vivre en paix et dans le calme, qu'ils reconnaîtront l'autocratie de notre gouvernant avec une vénération proche de l'adoration, surtout quand ils se convaincront que nos fonctionnaires ne remplacent pas son pouvoir par le leur, mais ne font qu'exécuter aveuglément ses prescriptions. Ils seront bien aisés que nous ayons tout réglé dans leur vie, comme le font des parents sages, qui veulent élever leurs enfants dans le sentiment du devoir et de l'obéissance.

Car les peuples, par rapport aux secrets de notre politique, sont des enfants éternellement mineurs aussi bien que leurs gouvernements... comme vous le voyez, je fonde notre despotisme sur le droit et sur le devoir : *le droit d'exiger l'accomplissement du devoir est le premier devoir d'un gouvernement, qui est un père pour ses sujets.*

Il a le droit du plus fort et doit en user pour diriger l'humanité vers l'ordre établi par la nature, vers l'obéissance. Tout obéit dans le monde, sinon aux hommes, au moins aux circonstances ou à sa propre nature, et en tout cas au plus fort. Soyons donc le plus fort en vue du bien. Nous devrons savoir, sans hésiter, sacrifier quelques individus isolés, violateurs de l'ordre établi, car il y a une grande force éducatrice dans le châtiment exemplaire du mal.

Si le roi d'Israël met sur sa tête sacrée la couronne que lui offrira l'Europe, il deviendra le patriarche du monde. Les victimes nécessaires, faites par lui, à cause de leur utilité, n'atteindront jamais le nombre des victimes, offertes pendant des siècles à la folie des grandeurs par la rivalité des gouvernements chrétiens. Notre roi sera dans une communion constante avec le peuple ; il lui adressera des discours de la tribune, que la renommée portera immédiatement dans le monde entier.

CHAPITRE XVI

SOMMAIRE : Les universités rendues inoffensives. Le classicisme remplacé. L'éducation et la profession. Réclame de l'autorité du « Gouvernant » dans les écoles. Abolition de l'enseignement libre. Les nouvelles théories. Indépendance de la pensée. L'enseignement par l'image.

Dans le but de détruire toutes les forces collectives excepté les nôtres, nous supprimerons les universités, première étape du collectivisme, et nous en fonderons d'autres dans un nouvel esprit. Leurs chefs et leurs professeurs seront préparés secrètement à leur œuvre par des programmes d'actions secrets et détaillés, dont ils ne pourront s'écarter en rien. Ils seront nommés avec une prudence foule particulière et seront entièrement dépendants du Gouvernement.

Nous excluons de l'enseignement le droit civique comme tout ce qui concerne les questions politiques. Ces objets seront enseignés à quelques dizaines de personnes, choisies pour leurs facultés éminentes. Les universités ne doivent pas laisser sortir de leurs murs des blancs-becs qui forment des projets de constitution, comme s'ils composaient des comédies ou des tragédies, et qui s'occupent de questions politiques, auxquelles leurs pères eux-mêmes n'ont jamais rien compris. La mauvaise connaissance qu'ont la plupart des hommes des questions politiques en fait des utopistes et de mauvais citoyens, vous pouvez voir vous-mêmes ce que leur éducation générale a fait des chrétiens.

Il nous a fallu introduire dans leur éducation tous les principes, qui ont si brillamment affaibli leur ordre social. Mais quand nous serons au pouvoir nous écarterons de l'éducation tous les objets d'enseignement qui peuvent causer du trouble, et nous ferons de la jeunesse des enfants obéissant aux autorités, aimant celui qui les gouverne, comme un appui et une espérance de paix et de calme. Nous remplacerons le classicisme, ainsi que toute étude de l'histoire ancienne, qui présente plus de mauvais exemples que de bons, par l'étude du programme de l'avenir. Nous rayerons de la mémoire des hommes tous les faits des siècles passés, qui ne nous sont pas agréables, ne conservant que ceux d'entre eux qui dépeignent les fautes des gouvernements chrétiens, La vie pratique, de l'ordre social naturel, les rapports des hommes entre eux, l'obligation d'éviter les mauvais exemples égoïstes, qui sèment la semence du mal et d'autres questions semblables d'un caractère pédagogique, seront au premier plan du programme d'enseignement, différent pour chaque profession, et qui ne généralisera l'enseignement sans aucun prétexte.

Cette manière de poser la question a une importance particulière. Chaque classe sociale doit être élevée dans des limites sévères, d'après la destination et le travail qui lui sont propres. Les génies accidentels ont toujours su et sauront toujours se glisser dans d'autres classes, mais laisser passer dans des classes étrangères des non-valeurs, leur permettre de prendre des places qui appartiennent à ces classes par la naissance et la profession, en vue de ces cas exceptionnels, est une vraie folie. Vous savez vous-mêmes comment tout cela a fini pour les chrétiens qui ont permis cette criante absurdité. Afin que le gouvernement ailla place qui lui revient dans les cœurs et les esprits de ses sujets, il faut, tant qu'il durera, enseigner à tout le peuple dans les écoles et sur les places publiques, quelle est son importance et quels sont ses devoirs et en quoi son activité amène le bien du peuple.

Nous abolirons tout enseignement libre. Les étudiants auront le droit de se rassembler avec leurs parents, comme au club, dans les établissements scolaires : pendant ces réunions, les jours de fête, les professeurs feront des conférences soi-disant libres sur les rapports des hommes entre eux, sur les lois de l'imitation, sur les malheurs provoquées par la concurrence illimitée, enfin sur la philosophie des nouvelles théories, inconnues encore au monde. Nous ferons de ces théories un dogme et nous nous en servirons pour amener les hommes à notre foi.

Quand j'aurai terminé l'exposé de notre programme d'action dans le présent et dans l'avenir, je vous dirai les bases de ces théories. En un mot, sachant par l'expérience de plusieurs siècles, que les hommes vivent et se dirigent par des idées, que ces idées ne sont inculquées aux hommes que par l'éducation, donnée avec un succès égal à tous les âges, avec des procédés différents, bien entendu, nous absorberons et adopterons à notre profit les dernières lueurs de pensée indépendante, que nous dirigeons déjà depuis longtemps vers les matières et les idées qu'il nous faut.

Le système de répression de la pensée est déjà en vigueur, dans le système appelé l'enseignement par l'image, qui doit transformer les chrétiens en animaux dociles qui ne pensent pas, qui attendent la représentation des choses en images pour les comprendre..... En France un de nos meilleurs agents, Bourgeois, a déjà proclamé le nouveau programme d'éducation par l'image.

CHAPITRE XVII

SOMMAIRE : Le barreau. Influence des prêtres chrétiens. La liberté de conscience. Le roi des Juifs, patriarche et pape. Moyens de lutte avec l'église existante. Problèmes de la presse contemporaine. Organisation de la police volontaire. L'espionnage sur le modèle de celui de la société Juive. Les abus du pouvoir.

Le barreau crée des hommes froids, cruels, opiniâtres, sans principes, qui se mettent en toute occasion sur un terrain impersonnel, purement légal. Ils sont habitués à tout rapporter à l'avantage de la défense, et non au bien social. Ils ne refusent généralement aucune défense, tâchent d'obtenir l'acquittement à tout prix, s'accrochant aux subtilités de la jurisprudence : par là, ils démoralisent le tribunal. C'est pourquoi en permettant cette profession dans d'étroites limites, nous ferons de ses membres des fonctionnaires exécutifs. Les avocats seront privés, aussi bien que les juges, du droit de communiquer avec les plaideurs ; ils recevront les causes du tribunal, ils les analyseront d'après les mémoires et les documents des rapports judiciaires, ils défendront leurs clients après leur interrogatoire au tribunal, une fois les faits éclaircis. Ils recevront des honoraires indépendants de la qualité de la défense. De la sorte, nous aurons une défense honnête et impartiale, guidée non par l'intérêt, mais par la conviction. Cela supprimera, entre autres, la corruption actuelle des assesseurs qui ne consentiront plus à donner gain de cause seulement à celui qui paye.

Nous avons déjà pris soin de discréditer la classe des prêtres chrétiens et de désorganiser par là leur mission, qui pourrait actuellement nous gêner beaucoup. Son influence sur les peuples tombe chaque jour.

La liberté de conscience est proclamée maintenant partout. Par conséquent, il n'y a plus qu'un certain nombre d'années qui nous séparent de la ruine complète de la religion chrétienne ; nous viendrons encore plus facilement à bout des autres religions, mais il est encore trop tôt pour en parler.

Nous mettrons le cléricalisme et les cléricaux dans des cadres si étroits que leur influence sera nulle en comparaison de celle qu'ils avaient autrefois.

Quand viendra le moment de détruire définitivement la cour papale, le doigt d'une main invisible montrera aux peuples cette cour. Mais quand les peuples se jetteront dessus, nous apparaîtrons comme ses défenseurs, afin de ne pas permettre l'effusion du sang. Par cette diversion nous pénétrerons dans l'intérieur de la place dont nous ne sortirons point que nous ne l'ayons complètement ruinée.

Le roi des juifs sera le vrai pape de l'univers, le patriarche de l'église internationale. Mais, tant que nous n'aurons pas élevé la jeunesse dans les nouvelles croyances de transition, puis dans la nôtre, nous ne toucherons pas ouvertement aux Églises existantes, mais nous lutterons contre elles par la critique, en excitant les dissensions.

En général notre presse contemporaine dévoilera les affaires d'État, les religions, l'incapacité des chrétiens et tout cela dans les termes les plus malhonnêtes, afin de les dénigrer de toutes manières, comme sait seule le faire notre race de génie. Notre régime sera l'apologie du règne de Vishnu, qui en est le symbole, nos cent mains tiendront chacune un ressort de la machine sociale.

Nous verrons tout sans l'aide de la police officielle, qui telle que nous l'avons élaborée pour les chrétiens, empêche aujourd'hui les gouvernements de voir.

Dans notre programme un tiers des sujets surveillera les autres par sentiment du devoir, pour servir volontairement l'État. Il ne sera pas honteux alors d'être espion et délateur ; au contraire ce sera louable, mais les délations mal fondées seront cruellement punies, afin qu'on n'abuse pas de ce droit. Nos agents seront pris dans la haute société aussi bien que dans les basses classes, dans le milieu de la classe administrative qui s'amuse, parmi les éditeurs, les imprimeurs, les libraires, les commis, les ouvriers, les cochers, les laquais, etc... Cette police dépourvue de droits, non autorisée à agir par elle-même, et par conséquent sans pouvoirs, ne fera que témoigner et dénoncer ; la vérification de ses dépositions et les arrestations dépendront d'un groupe responsable de contrôleurs pour les affaires de police ; les arrestations elles-mêmes seront faites par le corps des gendarmes et par la police municipale.

Celui qui n'aura pas fait son rapport sur ce qu'il aura vu et entendu sur les questions de politique sera considéré comme aussi coupable de recel ou de complicité que s'il était prouvé qu'il avait commis ces deux crimes.

De même qu'aujourd'hui nos frères sont obligés, sous leur propre responsabilité, de dénoncer à leur communauté (*Kahals*) leurs renégats, ou les personnes qui entreprennent quelque chose de contraire à leur communauté : ainsi dans notre royaume universel, il sera obligatoire pour tous nos sujets de servir l'État de la sorte.

Une telle organisation détruira les abus de la force, de la corruption, tout ce que nos conseils, et nos théories des droits surhumains ont introduit dans les habitudes des chrétiens...

Mais comment aurions-nous obtenu autrement l'accroissement des causes de désordres dans leur administration ? par quels autres moyens ?... Un des plus importants de ces moyens, ce sont les agents chargés de rétablir de l'ordre. A ceux-ci sera laissée la possibilité de faire voir et de développer leurs mauvaises inclinations et leurs caprices, d'abuser de leur pouvoir enfin, au premier chef, d'accepter des pots-de-vin.

CHAPITRE XVIII

SOMMAIRE : Mesures de sûreté. Surveillance des conspirateurs. Une garde ouverte est la ruine du pouvoir. La garde du roi des Juifs. Le prestige mystique du pouvoir. Arrestation au premier soupçon.

Quand il nous sera nécessaire de renforcer les mesures de protection policière, (qui ruinent si vite le prestige du pouvoir), nous simulerons des désordres, des manifestations de mécontentement, exprimées par de bons orateurs. Des personnes nourrissant les mêmes sentiments se joindront à eux. Cela nous servira de motif pour autoriser des perquisitions et des surveillances dont les agents seront les serviteurs que nous aurons parmi la police des chrétiens.

Comme la plupart des conspirateurs agissent par amour de l'art, par amour du bavardage, nous ne les dérangerons pas avant qu'ils n'agissent d'une manière quelconque ; nous nous contenterons d'introduire dans leur milieu des éléments de surveillance... Il ne faut pas oublier que le prestige du pouvoir baisse, s'il découvre souvent des complots contre lui-même : cela implique un aveu de son impuissance, ou, ce qui est pis encore, de l'injustice de sa propre cause.

Vous savez que nous avons détruit le prestige des personnes régnantes sur les chrétiens par de fréquents attentats organisés par nos agents, moutons aveugles de notre troupeau ; il est aisé au moyen de quelques phrases libérales de pousser au crime, pourvu qu'il ait une teinte politique. Nous forcerons les gouvernants à reconnaître leur impuissance par les mesures de sûreté ouvertes qu'ils prendront et par ce moyen nous ruinerons le prestige du pouvoir.

Notre gouvernement sera gardé par une garde presque imperceptible, car nous n'admettons pas même la pensée qu'il puisse exister contre lui une faction contre laquelle il ne soit pas en état de lutter et soit obligé de se cacher. Si nous admettions cette pensée, comme le faisaient et le font encore les chrétiens, nous signerions une sentence de mort ; sinon celle du souverain lui-même, tout au moins celle de sa dynastie dans un avenir prochain.

D'après les apparences sévèrement observées notre gouvernant n'usera de son pouvoir que pour le bien du peuple, nullement pour ses avantages personnels ou dynastiques. C'est pourquoi en observant ce décorum, son pouvoir sera respecté et sauvegardé par ses sujets eux-mêmes ; on l'adorera dans l'idée que le bien-être de chaque citoyen dépend de lui, car de lui dépendra l'ordre de l'économie sociale...

Garder le roi ouvertement, c'est reconnaître la faiblesse de l'organisation gouvernementale. Notre roi, quand il sera au milieu du peuple, sera toujours entouré d'une foule d'hommes et de femmes que l'on prendra pour des curieux, qui occuperont les premiers rangs autour de lui, comme par hasard, et qui contiendront les rangs des autres comme pour faire respecter l'ordre. Cela sera un exemple de retenue. S'il se trouve dans le peuple un solliciteur qui s'efforce de présenter une supplique, en se frayant un passage à travers les rangs ; les premiers rangs doivent accepter cette supplique et, aux yeux du solliciteur, la remettre au roi, afin que tous sachent que ce que l'on présente arrive à sa destination, et qu'il existe par conséquent un contrôle du roi lui-même. L'auréole du pouvoir exige que le peuple puisse dire : *« Si le roi le savait »*, ou *« Le roi le saura »*.

Avec l'institution de la garde officielle disparaît le prestige mystique du pouvoir ; tout, homme, doué d'une certaine audace, se croit le maître de ce pouvoir, le factieux connaît sa force et guette l'occasion de commettre un attentat sur ce pouvoir. Nous prêchions autre chose aux chrétiens, mais aussi nous voyons à quoi les mesures ouvertes de sûreté les ont amenés ! ...

Nous arrêterons les criminels au premier soupçon plus ou moins fondé : la crainte de se tromper ne peut être une raison de donner le moyen de fuir à des individus soupçonnés d'un délit ou d'un crime politique, pour lesquels nous serons vraiment impitoyables. Si l'on peut encore, en forçant un peu le sens des choses, admettre l'examen des motifs dans les crimes ordinaires, il n'y a pas d'excuse pour les personnes qui s'occupent de questions dans lesquelles personne, excepté le gouvernement, ne peut rien comprendre. Encore tous les gouvernements ne sont-ils pas capables de comprendre la vraie politique.

CHAPITRE XIX

SOMMAIRE : Le droit de présenter des suppliques et
des projets. Les factions. Les crimes politiques
Jugés par les tribunaux. La réclame pour les
crimes politiques.

Si nous n'admettons pas que chacun s'occupe directement de politique, nous stimulerons en revanche tout rapport et toute pétition qui inviterait le gouvernement à améliorer la condition du peuple : cela nous permettra de voir les défauts ou les fantaisies de nos sujets, auxquels nous répondrons par l'exécution du projet en question, ou par une réfutation sensée, qui démontrera l'inintelligence de leurs auteurs.

Les factions ne sont autre chose que l'aboiement d'un petit chien contre un éléphant. Pour un gouvernement bien organisé, non au point de vue policier, mais social, le petit chien aboie contre l'éléphant parce qu'il ne connaît pas sa place et sa valeur. Il suffit de démontrer par un bon exemple l'importance de l'une ou de l'autre pour que les petits chiens cessent d'aboyer et qu'ils se mettent à remuer la queue, aussitôt qu'ils aperçoivent l'éléphant.

Pour ôter le prestige de la vaillance au crime politique nous le mettrons sur le banc des accusés au même rang que le vol, le meurtre et tout autre crime abominable et bas. Alors l'opinion publique confondra, dans sa pensée, cette catégorie de crimes avec l'ignominie de tous les autres et le flétrira du même mépris. Nous nous sommes proposé (et j'espère que nous y sommes parvenus) d'empêcher les chrétiens de combattre les factions de cette manière.

Dans ce dessein, par la presse, dans nos discours publiés, dans des manuels d'histoire bien faits, nous avons fait de la réclame pour le martyre, soi-disant accepté par les factieux, en vue du bien commun. Cette réclame a augmenté les contingents des libéraux et a jeté des milliers de chrétiens dans les rangs de notre troupeau.

CHAPITRE XX

SOMMAIRE : Le programme financier. L'impôt progressif. Perception progressive des timbres. Caisse de fonds des papiers. Valeurs et stagnation de l'argent. Cour des Comptes. Abolition de la représentation. Stagnation des capitaux. Émission de l'argent Le change de l'or. Le change du coût du travail. Le budget. Les emprunts de l'État. La série de papiers à 1 % d'intérêt. Les papiers Industriels. Les gouvernants des chrétiens. Les favoris. Les agents des francs-maçons.

Nous parlerons aujourd'hui du programme financier que j'ai réservé pour la fin de mon rapport, comme le point le plus difficile, culminant et décisif de nos plans. En l'abordant je vous rappellerai que je vous ai déjà dit, sous forme d'allusion, que la somme de nos actes se résout par une question de chiffres. Quand notre règne viendra, notre gouvernement absolu évitera, pour sa propre sauvegarde, de trop charger les masses populaires d'impôts, il n'oubliera pas son rôle de père et de protecteur. Mais comme l'organisation gouvernementale coûte cher, il faut cependant trouver les moyens nécessaires. C'est pourquoi il faut préparer soigneusement l'équilibre financier. Dans notre gouvernement, le roi aura la fiction légale de la propriété légale de tout ce qui se trouve dans son État (ce qui est facile à réaliser) : il pourra donc recourir à la confiscation légale de toutes sommes d'argent qu'il jugera nécessaire, afin de régler la circulation de l'argent dans l'État

On voit par là que l'imposition devra consister principalement par un impôt progressif sur la propriété. De la sorte les impôts seront prélevés sans gène et sans ruine dans une proportion de pourcentage relative à la possession. Les riches doivent comprendre que leur devoir est de mettre une partie de leur superflu à la disposition de l'État, puisque celui-ci leur garantit la sécurité du reste et le droit d'un gain honnête, je dis d'un gain honnête, car le contrôle de la propriété supprimera tout pillage légal. Cette réforme sociale doit venir d'en haut, car son temps est venu, elle est nécessaire, comme gage de paix. L'impôt sur le pauvre diable est une semence de révolution et est nuisible pour l'État, qui perd un gros bénéfice en courant après de petits profits.

Indépendamment de cela, l'impôt sur les capitalistes diminuera l'accroissement des richesses chez les personnes privées aux mains de qui nous les avons concentrées actuellement pour contrebalancer la force gouvernementale des chrétiens, à savoir les finances de l'État. Un impôt progressif donnera un bien plus fort revenu, que l'impôt proportionnel d'aujourd'hui, qui ne nous est utile que pour exciter des agitations et des mécontentements parmi les chrétiens.

La force sur laquelle notre roi s'appuiera sera dans l'équilibre et la garantie de la paix. Il est nécessaire que les capitalistes sacrifient une petite partie de leurs revenus, pour assurer le fonctionnement de la machine gouvernementale. Les besoins de l'État doivent être payés par ceux à qui leurs richesses permettent de le faire sans peine. Cette mesure détruira la haine du pauvre contre le riche, dans lequel il verra une force financière utile à l'État, le soutien de la paix et de la prospérité, car il verra que c'est lui qui pourvoit aux mesures nécessaires pour obtenir ces biens. Pour que les payeurs de la classe intelligente ne s'attristent pas trop fortement de ces nouveaux payements, il leur sera remis des comptes rendus de la destination de ces sommes, à l'exception, bien entendu, des sommes qui seront réparties pour les besoins du trône et des institutions administratives.

La personne régnante n'aura pas de propriété personnelle, puisque tout ce qui est dans l'État est à lui, sinon l'un contredirait l'autre ; les ressources personnelles annuleraient le droit de propriété sur les possessions de tous. Les parents de la personne régnante, excepté ses héritiers, qui sont également entretenus aux frais de l'État, doivent se mettre sur les rangs des serviteurs de l'État, ou travailler pour acquérir le droit de propriété : le privilège d'appartenir à la famille royale ne doit pas servir de prétexte pour piller le Trésor. L'achat d'une propriété, l'acceptation d'un héritage seront imposés d'un droit de timbre progressif. La transmission d'une propriété en argent ou autrement, non déclarée par ce droit de timbre, nécessairement nominal, sera frappée d'une imposition de tant pour cent au compte de l'ancien propriétaire, de la date du transfert jusqu'au jour où la fraude aura été découverte. Les titres de transfert devront être présentés chaque semaine au Trésor de l'endroit avec la désignation du prénom, du nom de famille et du domicile de l'ancien et du nouveau propriétaire. Cet enregistrement ne sera imposé qu'à partir d'une somme fixe dépassant les frais ordinaires d'achat et de vente du nécessaire, ceux-ci ne seront passibles que d'un droit en timbre assez minime pour chaque unité. Calculez de combien ces impôts dépasseront les revenus des Etats chrétiens. La caisse des fonds de l'État devra contenir un certain capital de réserve, et tout ce qui dépassera ce capital devra être remis en circulation. on organisera avec ces réserves des travaux publics.

L'initiative de ces travaux, venant des ressources de l'État, attachera fortement la classe ouvrière aux intérêts de l'État et aux personnes régnantes. Une partie de ces sommes sera attribuée à des primes pour les inventions et la production. Il ne faut nullement, en dehors des sommes fixées et largement comptées, retenir même une seule unité dans les caisses de l'État, car l'argent est fait pour circuler et toute stagnation d'argent a une répercussion pernicieuse sur le fonctionnement du mécanisme de l'État, dont elles servent à graisser les rouages : le défaut de graissage peut arrêter la marche régulière du mécanisme.

Le remplacement d'une partie de l'argent par les valeurs en papier a justement produit une telle stagnation. Les conséquences de ce fait sont déjà suffisamment sensibles. Nous aurons aussi une cour des comptes, et le gouvernant y trouvera en tout temps un compte rendu complet des recettes et des dépenses de l'État, à l'exception du compte du mois courant non encore achevé, et du compte du mois précédent non encore livré. Le seul individu qui n'ait pas intérêt à piller les caisses de l'État, c'est leur propriétaire, le gouvernant. C'est pourquoi son contrôle rendra impossibles les pertes et le gaspillage.

La représentation qui prend un temps précieux au gouvernant par les réceptions qu'exige l'étiquette sera supprimée afin qu'il ait le temps de contrôler et de réfléchir. Sa puissance ne sera plus à la merci des favoris qui entourent le trône pour lui donner de l'éclat et de la pompe, mais n'observent que leurs intérêts, et non ceux de l'État. Les crises économiques ont été produites par nous chez les chrétiens dans l'unique but de retirer l'argent de la circulation. Des capitaux énormes restaient stagnants, soutirant l'argent des Etats, qui étaient obligés de s'adresser à ces mêmes capitaux pour avoir de l'argent. Ces emprunts chargeaient les finances des Etats par le payement des intérêts ; ils les asservissaient au capital. La concentration de l'industrie dans les mains des capitalistes, qui ont tué la petite industrie, a absorbé toutes les forces du peuple, et en même temps celles de l'État...

L'émission actuelle de l'argent ne répond pas en général au chiffre de la consommation par tête, et ne peut en conséquence satisfaire tous les besoins des ouvriers. L'émission de l'argent doit être en rapport avec l'accroissement de la population, et il faut faire entrer dans ce compte les enfants, parce qu'ils consomment et coûtent dès leur naissance. La révision de la frappe des monnaies est une question essentielle pour le monde entier. Vous savez que le change de l'or fut pernicieux pour les Etats qui l'adoptèrent, car il ne peut satisfaire la consommation d'argent, d'autant plus que nous avions retiré de la circulation le plus d'or possible.

Nous devons introduire une monnaie créée sur le travail, qu'elle soit de papier ou de bois. Nous ferons une émission d'argent suivant les besoins normaux de chaque sujet, augmentant cette quantité avec chaque naissance, la diminuant avec chaque mort. Chaque département, chaque arrondissement tiendra ses comptes à cet effet. Afin qu'il n'y ait pas de retard dans la remise d'argent pour les besoins de l'État, les sommes et la date de leur livraison seront fixées par un décret du gouvernement ; par là sera détruit le protectorat du ministère des finances qui ne pourra favoriser une région au détriment des autres.

Nous présenterons ces réformes que nous projetons de façon à n'alarmer personne. Nous montrerons la nécessité des réformes par suite du gâchis où sont arrivés les désordres financiers des chrétiens. Le premier désordre, dirons-nous, consiste en cela qu'ils commencent par arrêter un simple budget, qui s'accroît d'année en année pour la raison que voici : on traîne ce budget jusqu'à la moitié de l'année ; puis on demande un budget rectifié que l'on gaspille en trois mois, puis on demande un budget supplémentaire, et tout cela finit par un budget de liquidation.

Et comme le budget de l'année suivante est arrêté d'après le total du budget général, l'écart annuel normal est de 50 %, le budget annuel triple tous les dix ans. Grâce à de tels procédés, admis par l'insouciance des Etats chrétiens, leurs caisses sont vides. Les emprunts qui ont suivi, ont mangé les restes et amené tous les Etats à la banqueroute. Tout emprunt prouve la faiblesse de l'État et l'incompréhension des droits de l'État. Les emprunts, comme le glaive de Damoclès, sont suspendus sur la tête des gouvernants, qui, au lieu de prendre ce dont ils ont besoin chez leurs sujets par un impôt temporaire, viennent la main tendue, demander l'aumône à nos banquiers.

Les emprunts extérieurs sont des sangsues que l'on ne peut en aucun cas détacher du Corps de l'État si elles ne tombent d'elles-mêmes, ou si l'État ne les rejette radicalement. Mais les Etats chrétiens ne les arrachent pas, ils continuent à se les imposer, si bien qu'ils doivent périr, à la suite de cette saignée volontaire. En réalité, qu'est-ce que l'emprunt représente d'autre, et surtout l'emprunt extérieur ?...

L'emprunt c'est l'émission de lettres de change du gouvernement, contenant une obligation à un certain taux, proportionnel à la somme du capital emprunté. Si l'emprunt est taxé à 5 %, en vingt ans l'État a payé sans aucune utilité un intérêt égal à l'emprunt, en quarante ans une somme double, en soixante ans une somme triple, et la dette reste toujours une dette non acquittée. On voit par là que sous la forme de l'impôt individuel, l'État prend les derniers sous des pauvres imposés pour s'acquitter avec de riches étrangers, auxquels il a emprunté de l'argent, au lieu de rassembler ses richesses pour ses besoins sans payer d'intérêts. Tant que les emprunts restèrent intérieurs, les chrétiens ne faisaient que déplacer l'argent de la poche du pauvre dans celle du riche.

Mais quand nous eûmes acheté les Personnes qu'il fallait pour transporter les emprunts sur le terrain étranger, toutes les richesses des Etats passèrent dans nos caisses, et tous les chrétiens se mirent à nous payer un tribut de sujétion. Si la légèreté des chrétiens régnants en ce qui concerne les affaires d'État, si la corruptibilité des ministres, ou l'inintelligence financière des autres gouvernants ont chargé leurs pays de dettes qu'ils ne peuvent rembourser à nos caisses, il faut que vous sachiez combien cela nous a coûté d'argent et d'efforts !...

Noms ne permettrons pas la stagnation de l'argent, c'est pourquoi il n'y aura pas d'obligations sur l'État, à l'exception d'une série d'obligations à 1 %, afin que le paiement des intérêts ne livre pas la puissance de l'État à la succion des sangsues.

Le droit d'émettre des valeurs sera réservé exclusivement aux compagnies industrielles, qui n'auront pas de peine à payer les intérêts avec leurs bénéfices ; tandis que l'État ne retire de l'argent emprunté aucun bénéfice puisqu'il emprunte pour dépenser, et non pour faire des opérations. Les papiers industriels seront achetés par le gouvernement lui-même, qui de tributaire des impôts qu'il est actuellement, se transformera en prêteur par calcul. Une telle mesure fera cesser la stagnation de l'argent, le parasitisme et la presse, qui nous étaient utiles tant que les chrétiens étaient indépendants, mais qui ne sont pas désirables sous notre régime.

Comme le manque de réflexion des cerveaux purement animaux des chrétiens est évident! Ils nous empruntaient avec intérêts sans réfléchir qu'il leur faudrait prendre ce même argent, avec les intérêts en plus dans les poches de l'État pour s'acquitter envers nous! Qu'y avait-il de plus simple que de prendre l'argent dont ils avaient besoin à leurs contribuables?... Cela prouve la supériorité générale de notre esprit d'avoir su leur représenter l'affaire des emprunts sous un tel jour qu'ils y ont même vu des avantages pour eux. Les calculs que nous présentons, éclairés quand il sera temps à la lumière des expériences séculaires, dont les Etats chrétiens nous ont fourni la matière, se distingueront par leur clarté et leur certitude et montreront à tous avec évidence l'utilité de nos innovations.

Ils mettront fin aux abus, grâce auxquels nous tenions les chrétiens en notre puissance, mais qui ne peuvent être admis dans notre royaume. Nous établirons si bien notre système de comptes, que ni le gouvernant, ni le plus petit fonctionnaire ne pourront détourner la plus petite somme de sa destination sans que cela se remarque, non plus que la diriger sur une destination autre que celle qui aura été indiquée une fois pour toutes dans notre plan d'actions.

On ne peut gouverner sans un plan défini. Les héros mêmes qui suivent un chemin certain, mais sans réserves déterminées, périssent en route. Les Chefs chrétiens auxquels nous conseillions autrefois de se distraire des soucis de l'État par des réceptions représentatives, par l'étiquette, par des divertissements, n'étaient que des paravents de notre gouvernement.

Les comptes rendus des favoris, qui les remplaçaient aux affaires, étaient faits pour eux par nos agents et satisfaisaient chaque fois les esprits peu clairvoyants par des promesses que l'avenir apporterait des économies et des améliorations...

Des économies de quoi?... Des nouveaux emprunts?... auraient pu demander et ne demandaient pas ceux qui lisaient nos comptes rendus et nos projets... Vous savez à quoi une telle insouciance les a conduits, à quel désordre financier ils sont arrivés, en dépit de l'activité admirable de leurs peuples.

CHAPITRE XXI

SOMMAIRE : Les emprunts intérieurs. Le passif
et les impôts. Les conversions. Les caisses
d'épargne et la rente. Suppression de la
bourse des fonds publics. Taxation des
valeurs industrielles.

J'ajouterai à ce que je vous ai dit dans la réunion précédente une explication détaillée des emprunts intérieurs. Sur les emprunts extérieurs je ne dirai plus rien, parce qu'ils remplissaient nos coffres-forts avec l'argent national des chrétiens, mais pour notre État il n'y aura plus d'étrangers, c'est-à-dire qu'il n'y aura rien d'extérieur. Nous avons profité de la corruption des administrateurs et de la négligence des gouvernants pour recevoir des sommes doubles, triples et encore plus fortes, en prêtant aux gouvernements des chrétiens de l'argent qui n'était pas du tout nécessaire aux Etats. Qui est-ce qui pourrait faire la même chose par rapport à nous ?... C'est pourquoi je n'exposerai en détails que les emprunts intérieurs. Quand ils lancent un emprunt, les Etats ouvrent une souscription pour l'achat de leurs obligations. Afin que celles-ci soient accessibles à tous, ils créent des coupures depuis cent jusqu'à mille ; en même temps, on fait une réduction aux premiers souscripteurs. Le lendemain il y a une hausse de prix artificielle, soi-disant parce que tout le monde se jette dessus. Quelques jours plus tard les caisses du Trésor sont, dit-on, combles et on ne sait plus où mettre l'argent (pourquoi le prendre alors ?). La souscription dépasse plusieurs fois l'émission de l'emprunt : telle est la confiance que l'on a pour les lettres de change du gouvernement.

Mais, quand la comédie est jouée, on est en présence d'un passif qui vient de se former, et d'un passif fort lourd. Pour payer les intérêts, il faut avoir recours à de nouveaux emprunts qui n'absorbent pas, mais qui augmentent seulement la dette principale. Quand le crédit est épuisé, il faut par de nouveaux impôts couvrir non l'emprunt, mais seulement les intérêts de l'emprunt. Ces impôts sont un passif, employé pour couvrir le passif...

Puis vient le temps des conversions, qui diminuent seulement le payement des intérêts, et ne couvrent pas les dettes, et qui de plus ne peuvent être faites sans le consentement des prêteurs : en annonçant une conversion on offre de rendre l'argent à ceux-là qui ne consentent pas à convertir leurs valeurs. Si tous exprimaient le désir de reprendre leur argent, les gouvernements seraient pris dans leurs propres filets, et se trouveraient dans l'impossibilité de payer l'argent qu'ils offrent. Heureusement les sujets des gouvernements chrétiens, peu versés dans les affaires de finances, ont toujours préféré des pertes sur le cours et une baisse des intérêts, au risque de nouveaux placements d'argent, par quoi ils ont donné plus d'une fois la possibilité aux gouvernements de se défaire d'un passif de plusieurs millions. Maintenant, avec les dettes extérieures, les chrétiens ne pensent rien faire de semblable, sachant que nous réclamerons tout notre argent. Ainsi une banqueroute reconnue démontrera définitivement aux pays l'absence de liaison entre les intérêts des peuples et leurs gouvernements.

J'attire toute votre attention sur ce fait et sur le suivant : aujourd'hui tous les emprunts intérieurs sont consolidés par des dettes que l'on désigne sous le nom de flottantes, c'est-à-dire par des dettes dont les échéances sont plus ou moins rapprochées.

Ces dettes se composent de l'argent mis dans les caisses d'épargne et dans les caisses de réserve. Comme ces fonds restent longtemps aux mains du gouvernement, ils s'évaporent pour payer les intérêts des emprunts extérieurs, et à leur place on met une somme équivalente de dépôts de rente. Ce sont ces derniers qui bouchent tous les trous dans les caisses de l'État chez les chrétiens.

Quand nous monterons sur le trône du monde, tous ces tours de finances seront abolis sans laisser de trace, parce qu'ils ne répondent pas à nos intérêts ; nous supprimerons également toutes les Bourses de fonds publics, car nous n'admettrons pas que le prestige de notre pouvoir soit ébranlé par la variation de prix de nos valeurs. Elles seront déclarées par la loi au prix de leur valeur complète sans fluctuation possible (la hausse donne lieu à la baisse ; c'est ainsi qu'au début de notre campagne nous avons joué avec les valeurs des chrétiens).

Nous remplacerons les Bourses par de grands établissements de crédit spécial, dont la destination sera de taxer les valeurs industrielles suivant les vues du gouvernement. Ces établissements seront en état de jeter sur le marché pour cinq cent millions de valeurs industrielles en un jour. De cette manière, toutes les entreprises industrielles dépendront de nous. Vous pouvez vous imaginer quelle puissance nous acquerrons par là.

CHAPITRE XXII

SOMMAIRE : Le secret de l'avenir. Le mal séculaire
base du bien futur. L'auréole du pouvoir et son
adoration mystique.

Dans tout ce que je vous ai exposé jusqu'ici, je me suis efforcé
de vous montrer le secret des événements passés et présents ; ils
annoncent un avenir déjà près de se réaliser. Je vous ai montré le secret
de nos rapports avec les chrétiens et de nos opérations financières. Il
me reste peu de chose à dire encore sur ce sujet. Nous avons en mains
la plus grande force moderne, l'or ; nous pouvons en deux jours le
retirer de nos dépôts, en telle quantité qu'il nous plaira. Devons-nous
encore démontrer que notre gouvernement est prédestiné par Dieu ?
Est-ce que nous ne prouverons pas par une telle richesse que tout
le mal que nous avons été obligés de faire pendant tant de siècles a
servi enfin au vrai bien, à mettre tout en ordre.....

La voilà, la confusion des notions du bien et du mal. L'ordre sera
rétabli, un peu par la violence, mais enfin il sera établi. Nous saurons
prouver que nous sommes des bienfaiteurs, nous qui avons rendu à
la terre tourmentée le vrai bien, la liberté de l'individu, qui pourra
jouir du repos, de la paix, de la dignité des rapports, à condition, bien
entendu, d'observer les lois établies par nous. Nous expliquerons en
même temps que la liberté ne consiste pas dans la débauche et dans
le droit à la licence ; de même la dignité et la force de l'homme ne
consistent pas dans le droit pour chacun de proclamer des principes
destructifs, comme le droit de conscience, le droit de l'égalité et
autres semblables ; de même le droit de l'individu ne consiste
nullement dans le droit de s'exciter soi-même et d'exciter les autres,
en faisant montre de ses talents oratoires dans des rassemblements
tumultueux.

La vraie liberté consiste dans l'inviolabilité de la personne qui observe honnêtement et exactement toutes les lois de la vie en commun ; la dignité humaine consiste dans la conscience de ses droits et en même temps des droits que l'on n'a pas, et non pas dans le seul développement fantaisiste du thème de son « MOI ».

Notre pouvoir sera glorieux, parce qu'il sera puissant, qu'il gouvernera et dirigera, et n'ira pas à la remorque des leaders et des orateurs qui crient des paroles folles, qu'ils appellent de grands principes et qui ne sont autre chose, à vrai dire, que des utopies. Notre pouvoir sera l'arbitre de l'ordre qui fait tout le bonheur des hommes. L'auréole de ce pouvoir lui procurera une adoration mystique et la vénération du peuple. La vraie force ne transige avec aucun droit, pas même avec le droit divin : personne n'ose l'attaquer pour lui enlever la moindre parcelle de sa puissance.

Chapitre XXIII

Sommaire : Réduction de la production des objets
de luxe. La petite industrie. Le chômage.
Interdiction de l'ivrognerie. Condamnation à
mort de l'ancienne société et sa résurrection
sous une nouvelle forme. L'élu de Dieu.

Pour que les peuples s'habituent à l'obéissance il faut les habituer à la modestie, et diminuer par conséquent la production des objets de luxe. Par là nous améliorerons les mœurs corrompues par la rivalité du luxe.

Nous rétablirons la petite industrie qui portera atteinte aux capitaux privés des fabricants. Cela est encore nécessaire parce que les gros fabricants dirigent, souvent sans le savoir, il est vrai, l'esprit des masses contre le gouvernement. Un peuple qui s'occupe de petites industries ne connaît pas le chômage, il en est attaché à l'ordre existant, et par conséquent à la force du pouvoir.

Le chômage est la chose la plus dangereuse pour le gouvernement. Pour nous son rôle sera terminé, aussitôt que le pouvoir passera en nos mains.

L'ivrognerie sera aussi interdite par la loi et punie comme un crime contre l'humanité, puisque les hommes qui s'y adonnent se transforment en brutes sous l'influence de l'alcool. Les sujets, je le répète encore une fois, n'obéissent aveuglément qu'à une main ferme, complètement indépendante d'eux, dans laquelle ils sentent un glaive pour leur défense et un soutien contre les fléaux sociaux.

Qu'ont-ils besoin de voir dans leur roi une âme angélique ? Ils doivent voir en lui la personnification de la force et de la puissance. Le souverain, qui prendra la place des gouvernements aujourd'hui existants, qui traînent leur existence au milieu des sociétés démoralisées par nous, qui ont renié même le pouvoir de Dieu et dans le sein desquels s'élève de tous les côtés le feu de l'anarchie, ce souverain devra avant tout éteindre cette flamme dévorante. C'est pourquoi il sera obligé de condamner à mort de telles sociétés, dut-il les noyer dans leur propre sang, pour les ressusciter sous la forme d'une armée régulièrement organisée, luttant consciemment contre toute infection capable d'ulcérer le corps de l'État.

Cet élu de Dieu est nommé d'en haut, pour briser les forces insensées, mues par l'instinct, et non par la raison, par la bestialité, et non par l'humanité. Ces forces triomphent maintenant, elles pillent, elles commettent toutes sortes de violences sous prétexte de liberté et de droits. Elles ont détruit tout ordre dans la société, pour élever sur ces ruines le trône du roi d'Israël ; mais leur rôle sera terminé au moment de l'avènement du roi d'Israël au trône. Alors il faudra les enlever de son chemin, sur lequel il ne doit pas y avoir le moindre obstacle. Alors nous pourrons dire aux peuples : remerciez Dieu et inclinez-vous devant celui qui porte sur son visage le sceau de la prédestination, vers laquelle Dieu lui-même a conduit son étoile, afin que personne excepté lui, ne pût vous délivrer de toutes les forces et de tous les maux.

CHAPITRE XXIV

SOMMAIRE : Renforcement des racines au roi David. Préparation du roi. Écartement des héritiers directs. Le roi et ses trois initiateurs. Le roi-destin. Irréprochabilité des mœurs extérieures du roi des Juifs.

Maintenant je passerai aux moyens d'assurer les racines dynastiques du roi. Les mêmes principes nous guiderons qui ont donné jusqu'à ce jour à nos Sages la conduite de toutes les affaires mondiales. Nous dirigerons la pensée de toute l'humanité.

Plusieurs membres de la race de David prépareront les rois et leurs héritiers, choisissant ces derniers non d'après le droit héréditaire, mais pour leurs aptitudes éminentes ; ils les initieront aux secrets cachés de la politique, aux plans de gouvernement, à la condition toutefois que personne ne connaisse ces secrets. Le but de cette manière d'agir est que tout le monde sache, que le gouvernement ne peut être confié à ceux qui ne sont pas initiés aux mystères de son art. A ces personnes seules sera enseignée l'application des plans politiques, l'intelligence de l'expérience des siècles, toutes nos observations sur les lois politico-économiques et sur les sciences sociales, en un mot tout l'esprit de ces lois, que la nature même a établies inébranlablement pour régler les rapports des hommes.

Les héritiers directs seront souvent écartés du trône si, dans leur temps d'études, ils font preuve de légèreté, de douceur et de ces autres qualités pernicieuses pour le pouvoir, qui rendent incapables de gouverner, et qui sont nuisibles à la fonction royale. Seuls ceux qui seront absolument capables d'un gouvernement ferme, inflexible jusqu'à la cruauté, en recevront les rênes de nos Sages.

En cas de maladie qui causerait l'affaiblissement de la volonté, les rois devront d'après la loi remettre les rênes du gouvernement en des mains nouvelles qui en soient capables. Les plans d'action du roi, ses plans immédiats, à plus forte raison, ses plans éloignés, seront inconnus même à ceux que l'on désignera sous le nom de premiers conseillers.

Seul le roi et ses trois initiateurs connaîtront l'avenir. Dans la personne du roi, maître de lui-même et de l'humanité grâce à une volonté inébranlable, tous croiront voir le destin avec ses voies inconnues. Personne ne saura ce que le roi veut atteindre par ses ordres, c'est pourquoi personne n'osera se mettre en travers d'un chemin inconnu.

Il faut, bien entendu, que l'intelligence du roi réponde au plan du gouvernement qui lui est confié. C'est pourquoi il ne montera sur le trône qu'une fois qu'elle aura été mise à l'épreuve par les Sages dont nous avons parlé. Afin que le peuple connaisse et aime son roi, il est nécessaire qu'il s'entretienne avec son peuple sur les places publiques. Cela produit l'union nécessaire des deux forces, que nous avons aujourd'hui séparées par la terreur. Cette terreur nous était indispensable quelque temps, pour que ces deux forces tombent séparément sous notre influence…

Le roi des juifs ne doit pas être sous l'empire de ses passions, surtout sous l'empire de la volupté : il ne doit donner par aucun côté de son caractère prise à ses instincts animaux sur son intelligence. La volupté agit d'une manière pernicieuse sur les facultés intellectuelles et sur la clarté des vues, en détournant les pensées sur le côté le plus mauvais et le plus animal de l'activité humaine.

Le pilier de l'humanité en la personne du souverain universel de la sainte semence de David doit sacrifier à son peuple tous ses goûts personnels. Notre souverain doit être d'une irréprochabilité exemplaire.

TABLE DES MATIÈRES

CHAPITRE XII

CHAPITRE XIII

CHAPITRE XIV

CHAPITRE XV

CHAPITRE XVI

CHAPITRE XVII

- the-savoisien.com
- pdfarchive.info
- vivaeuropa.info
- freepdf.info
- aryanalibris.com
- aldebaranvideo.tv
- histoireebook.com
- balderexlibris.com

Librairie Excommuniée Numérique CULUS (CUrieux de Lire des Usuels)